The Selected Poems of Eduardo Milán

Also by Eduardo Milán:

Cal para primeras pinturas, Montevideo,1973.
Secos & mojados, Montevideo, 1974.
Estación, estaciones, Montevideo, 1975.
Esto es, Montevideo, 1978.
Nervadura, Barcelona, 1985.
Cuatro poemas, Málaga, 1990.
Errar, Mexico City, 1991.
La vida mantis, Mexico City, 1993.
Nivel medio verdadero de las aguas que se besan, Madrid, 1994.
Circa 1994, Mexico City, 1994.
Algo bello que nosotros conservamos, Mexico City, 1995.
Son de mi padre, Mexico City, 1996.
Alegrial, Madrid, 1997.
Razón de amor y acto de fe, Madrid, 2001.
Cosas claras, Mexico City, 2001.
Ostras de coraje, Mexico City, 2003.
Habrase visto, Montevideo, 2004.
Unas palabras sobre el tema, Mexico City, 2005.
Papeles de la casa, Mexico City, 2005.
Habla (noventa poemas), Valencia, 2005.
Acción que en un momento creí gracia, Tarragona, 2005.
Por momentos la palabra entera, Santa Cruz de Tenerife, 2005.
Índice al sistema del arrase, Santa Cruz de Tenerife, 2007.
Dicho sea de paso, Mexico City, 2008.
El camino Ullán, seguido de *Durante*, Madrid, 2009.
Disenso, Mexico City, 2010.

Selected Poems

EDUARDO MILÁN

Edited by Antonio Ochoa

Translated by
Patrick Madden & Steven J. Stewart

and by
John Oliver Simon

Shearsman Books

First published in the United Kingdom in 2012 by
Shearsman Books
50 Westons Hill Drive
Emersons Green
Bristol
BS16 7DF

www.shearsman.com

ISBN 978-1-84861-200-6

Acknowledgements
Some of the translations in this book have appeared in
the following journals:
*Connecticut Review, Divide, Hotel Amerika, International Poetry Review,
Literal, The Literary Review, New Orleans Review, Prairie Schooner*
and *Turnrow VII*

CONTENTS

INTRODUCTION

The poetry of Eduardo Milán demarcates territories. It is a frontier, the marker itself where the inner space of experience and the world meet. There is a distance between the world and life lived, language serves to keep them separated, but united at the same time. This proximity allows Milán's poetry to explore both adjacent territories: the inner world of his past and his imagination, and the social and political realities of the present time. Even when writing about the past, he holds his ground in the now of the present. Milán's poetry involves numerous thematic and conceptual planes, from the personal, through social and historical situations, to a mythic-symbolic dimension. These different planes are unified in the poems, a crossing of planes converging in language. His poems are grounded in the reality that he lives, and in part are a manifestation of the action of writing upon reality, and reality upon writing. These boundaries are adaptable. His life changes as he writes, and in its turn life changes what he writes. His pen flows with the rhythm of his thought, and he cuts the line faithful to his internal music, an interiority distilled onto the page, conscious of its own existence as a concentration of language, as a work of the imagination.

The acknowledgement of an absence—as mythical as that of Eurydice, Orpheus's wife, or as real as that of Milán's own mother—seems to underpin both Milán's poetic writing and his reading. This seems to me one of the reasons for his frequent use of meta-language. This self-awareness does not speak to the void directly, but speaks of a self-awareness in the face of it. This juncture in which the void is acknowledged, this is the poet's experience with language: language cannot name the void directly, and therefore the poem has to approximate it over and over again. This is why Milán feels close to the mystical poetry of Saint John of the Cross. But the need for this reiteration is also the result of contamination. The boundaries that I spoke of are also the territories of commerce and influence. For Milán language is not pure, there isn't a poetic language somewhere out there, metaphysical and permanent that he sometimes accesses in moments of inspiration. Poems are written with the same language with which we handle our everyday transactions. In the poetic genealogy of Eduardo Milán we find Nicanor Parra, whose anti-poetry does not pretend to reveal a transcendental truth but rather challenges the preconceptions of language in our daily lives. In this way, Parra is looking for a more honest relationship with ourselves and with the world. As for Parra, for Milán language is accepted as imperfect. This is why a poet should be very careful about the way in which he uses words, not out of a quest for beauty, but out of responsibility. Such is the ethical stance that he cannot avoid, it is his responsibility to write with full consciousness of his actions, for his poems are actions that link words and things, the individual and the world. There is a demand for reality here, for the recognition of what is real. For Milán a poem is an event with far-reaching consequences. This is what he understands is needed from him as a Latin American poet in the twenty-first century. It is to try to go beyond oneself and place the poem within the fabric of the world, not just as any other object, but as a marker into which converge the different territories of life.

Eduardo Milán was born in 1952 in Rivera, Uruguay, a small city that shares a street with the city of Santana do Livramento in Brazil. He lost his Brazilian mother when he was only a year and a half old. As a teenager his father sent him to live in the countryside, an experience that transformed the shy boy into a confident young man. During the repressive military dictatorship of the 1970s and 80s his father was arrested for his involvement in the national resistance movement known as the *Tupamaros*. He was given a twenty-four year prison sentence. The name of the prison where he was sent was *Libertad* (Freedom). After living in fear for several years following his father's arrest, Milán went into exile in Mexico in 1979 where he still lives, in a white house with a fig tree in the garden. From the late '80s to the early '90s he wrote a column on contemporary Latin American poetry for the journal *Vuelta*, which was directed by Octavio Paz. In 1997 he was awarded one of the most prestigious poetry awards in Mexico, the Aguascalientes prize, for his book of poems *Alegrial*.

A brief note on the selection

Eduardo Milán is a prolific poet and essayist with over 30 books published. The translations used in this selection were taken from the work of Patrick Madden, Steven J. Stewart, and John Oliver Simon. Patrick and Steven have concentrated their work on Eduardo Milán's poems from the 1980s up to 2003. John Oliver Simon has translated several books from 2000 to the present. I followed this chronological division for the translations included here. I wish to express to them my gratitude for allowing me to use their work here. The selection was a difficult process; many great poems were left out. I hope that this book serves as an incentive to publish complete books of Eduardo Milán's work.

ANTONIO OCHOA
Cambridge, MA
Summer 2011

POEMAS 1985–2003

Poems 1985–2003

Translated by
Patrick Madden and Steven J. Stewart

DECIR ahí es una flor difícil
decir ahí es pintar todo de pájaro
decir ahí es estar atraído
por la palabra áspera
cardo
y por el cardenal cardenal
decir ahí es decir todo de nuevo
y empezar por el caballo:
el caballo está solo
no hay ahora oscuro
no hay ahora de silencio
no hay ahora de palabra
no hay ahora de silencio contra la pared:
el caballo está solo es decir está negro
saltó por encima de la blanca
purísima realidad

el caballo está ahí
fuga
por las hendiduras del día
florescencia
como la luna fluye

el caballo salta por encima de su sombra
salta por encima de su silencio
salta por encima de su realidad
salta por encima
de un universo todavía negro
antes de la suma
antes de la cima
de los colores:
montaña verde sobre cielo azul
la silueta del caballo es colorada
colorada de sol cuando se oculta
ahora se oculta
ahora se hunde en el caballo

To SAY there is a difficult flower
to say there is to paint everything in bird
to say there is to be drawn
to the raspy word
thistle
and to the cardinal cardinal
to say there is to say it all again
beginning with the horse:
the horse is alone
now it is alone
there is no dark now
there is no silent now
there is no word now
there is no against-the-wall now:
the horse is alone which is to say it is black
it jumped over the purest
white reality

the horse is there
it flees
through the cracks in the day
fluorescence
like the moon flowing

the horse jumps over its shadow
it jumps over its silence
it jumps over its reality
it jumps over
a universe still black
before the sum
before the summit
of colors:
green mountain over blue sky
the horse's silhouette is red
red from the hidden sun
now it hides

moneda de sol
no hay ahora de silencio
no hay ahora de palabra
no hay ahora de caballo

now it buries itself in the horse
the coin of sun
there is no silent now
there is no word now
there is no horse now

DECIR tú y yo es entrar en el circo,
allí el león, aquí un círculo de monos,
al costado la bailarina en compás. El aire
traslada otoños de un lugar a otro, el año
no tiene origen. La margarita amarilla
brilla en dos ojos. La oreja de Van Gogh
como el sol cae sobre el pavimento: un tajo
inocente corta el gorjeo de un pájaro. Esto es cierto
en el norte. Puede ser mentira en el sur. En efecto
(o en el vuelo del cormorán) ¿de qué pájaros hablas?
Del cormorán y su vuelo demorado sobre el cielo, que
supone un tono púrpura, puro en la tarde y en la noche
Dios dirá. Pero insistir en tú y yo a esta altura
del río, en el Nilo donde teje la que teje, es desatar
la madeja en las tijeras, dejar de oír el griterío del
sonido, esa maleza.

To say you and I is to enter the circus
there the lion, there the circle of monkeys,
on the flank a ballerina keeping time. The air
transports autumns from one place to another, the year
has no origin. The yellow daisy
shines in two eyes. Van Gogh's ear
falls to the pavement like the sun: an innocent
slash interrupts the trilling of a bird. This is true
in the north. It may be false in the south. In effect
(or in the flight of a cormorant), of which bird do you speak?
Of the cormorant and its lingering flight above the heavens,
which takes on a purple tone, pure in the afternoon and in the night
God only knows. But to insist on you and I at this height
in the river, in the Nile where the weavers weave, is
to unravel the skein with some scissors, to stop hearing
the tumult of sound, that underbrush.

CUANDO ya no hay qué
decir, decirlo. Dar
una carencia, un hueco en la conversación,
un vacío de verdad: la flor,
no la idea, es la diosa de ahí.

WHEN there's nothing left to say, say it. Offer
an absence, a lull in the conversation,
a true vacuum: the flower,
not the idea, is the goddess there.

SIN una idea para rodearte, pájaro. Sólo
parpadeos. Real es la palabra más bella de este reino
en ruinas, real. La poca lealtad del pájaro, eso fue:
el fuego de no cantar. Pájaros hay: he visto un cardenal.
Pájaros de ley: lo oí cantar. Leí en sus alas rojas, las
rojas alas del destino, destellos líquidos de coral. Oí decir
en un círculo que cantar es muy natural. También oí
decir que hay que ser real. Lo cierto es que esta rueda
se desliza, se desliza la luz por la ciudad, luz más luz
es Beatriz, el nombre propio es un oasis entre estrellas.
Nada calma la sed de intensidad. Y que cereza puede ser
esa palabra encarnada entre el cardenal y la nada.

WITH no idea to encircle you, bird. Just
blinking. Royal is the most beautiful word in this kingdom
in ruins, royal. The bird's fleeting loyalty, what was:
the fire of not singing. There are birds: I've seen a cardinal.
Authentic birds: I heard it sing. I read in its red wings, the
red wings of destiny, liquid flashes of coral. I heard it said
in a certain circle that singing is very natural. I also heard
it said that one must be royal. What is certain is that this wheel
is slipping, the light is slipping through the city, light plus light
is Beatrice, the name itself is an oasis among stars.
Nothing quenches a thirst for intensity. And cherry may be
that word made flesh between the cardinal and nothingness.

EXCELENTE lenguaje, excelente,
puro, blanquísimo, una flor: azucena.
Los pájaros cantan en pájaro. Los
castores comen en castor. Los humanos
hablan en humano, mano a mano, tocan
sus voces en la conversación. ¿Brillante?
Se dice brillante. New York se dice New York.
Lenguaje de plata se dice lenguaje de plata. Para
un siglo de oro se dice para un siglo de oro. Góngora
Góngora. Ya era hora cordobés, ya era hora, cordobés.
Llaga se dice fácilmente.

EXCELLENT language, excellent,
pure, resplendent white, flower: a lily.
Birds sing in bird. Beavers
eat in beaver. Humans
speak in human, hand to hand, their
voices touch in conversation. Brilliant?
It's said brilliant. New York is said New York.
Language of silver is said language of silver. For
a golden age is said for a golden age. Góngora,
Góngora. It was time, man of Córdoba,
it was time, man of Córdoba.
Affliction is said easily.

Ya que no somos nada, por ejemplo,
podemos ser la lluvia. Seguramente
la lluvia nos acepta sin titubear, aún
cuando comienza. Y ahora comienza. Gotas
en el vidrio de la ventana: nos acepta,
esta ella que es la lluvia nos acepta. Bésame.
Fragilidad, téjele un hilo a la patita del pájaro,
fraterna terminación de la lluvia o acabado, téjele.
Especie de caja de cartón donde está escrito «frágil»
con mano ágil, sin temblor adentro. Seamos frágiles
ya que no somos océano. Una forma nos acepta.

Now that we are nothing, for example,
we can be the rain. Surely
the rain will accept us without hesitation, even
when it's starting. And now it's starting. Drops
on the window glass: it accepts us,
this feminine rain accepts us. Kiss me.
Fragility, spin a thread toward the bird's little foot,
fraternal ending of the rain or exhaustion, spin it.
A type of cardboard box with 'Fragile' written
in an agile hand, free from trembling.
Let us be fragile for we are not the ocean.
Some form will accept us.

QUE sea pájaro pero que sea de verdad.
Faisán o terror nocturno pero verdadero.
No más imágenes por imágenes, por piedad,
por amor a los pies descalzos. Dame
dinero pero verdadero. Un árbol en Alejandría
para ir con Andrés. Somos espíritus viajeros.
Vino, veneno, venas, venablos. Hasta vocablos
de tu boca roja, manzanas del árbol del Paraíso,
hasta la próxima se lo deseas.
Hasta el siguiente pecado que nos guiará hacia el vicio
que nos salva del vacío, toda creación es sucia. Voy.
Un vaso de agua pura pero de verdad.

LET it be a bird but let it be true.
Pheasant or night terror but true.
No more images for the sake of images, out of pity,
out of love for bare feet. Give me
money but true money. A tree in Alexandria
to go with Andrés. We are itinerant spirits.
Wines, venoms, veins, weapons. Until words
from your red mouth, apples from the tree of Paradise,
until next time if you like.
Until the next sin to lead us into vice
to save us from the void, all creation is unclean. I'm
leaving. A glass of pure water but a true one.

¿CREAR? Inventar lo que tenemos dentro
con la ayuda de las formas de afuera, rasantes
ranas de croar haikús, estandartes que están pájaros
de altos. Era primavera cuando el pájaro de adentro
coincidió con el cardenal de afuera, era
primavera en el punto final de las dos formas:
punto de fuego, gota púrpura a punto de desaparecer cercada
de azul, paso de sangre completa a nada completa coronada
por el éxito de la salida: Exit. Éxtasis, cien por ciento
de desaparición, ni cenizas desde donde nacer.
Dos formas que se funden en la oscuridad del cisne
atraídas por el último canto de la imagen, por el asiento
sinsentido,
aún caliente. Nada de los pájaros. Extrema blancura sin
estremecimiento. Y eso que era primavera.

To CREATE? To invent what we have inside
with the help of forms from the outside, discordant
frogs croaking haikus, standards like birds
from on high. It was Spring when the bird on the inside
agreed with the cardinal on the outside, it was
Spring in the dying days of both:
a point of fire, purple drop fading to nothing, surrounded
by blue, a step from complete blood to complete nothing crowned
by the excitement of the exit. Exit. Ecstasy, one hundred percent
disappearance, not even ashes from which to be born.
Two forms formed in the darkness of the swan
attracted by the last song of the image, by the
senseless site
still warm. Nothing of birds. Extreme whiteness without
shuddering. And this was Spring.

MI PADRE se llama José. Es viudo
desde los treinta y dos años. Tiene setenta y tres
ahora. Enviudó de mi madre, Elena, que murió
a los treinta y dos años. Comunista, mis tíos, los
hermanos de mi madre y los vecinos de mi padre
decían que era comunista. Toda mi infancia oí
que mi padre era comunista, en la década
de los cincuenta, cuando la influencia americana
—hoy se dirá: *norteamericana*, pero en aquella época
era la influencia americana—, brillaba en los zapatos
de Doris Day, rojos como mi vergüenza, no como mi sexo,
rojos como las recámaras.
Ser comunista en Uruguay en los cincuenta era sinónimo
de ser valiente porque te apedreaban. Ser hijo de José,
el comunista, huérfano de madre y con conciencia
de que te apedrean, durante mucho tiempo creí que yo era Cristo.
A los cincuenta años mi padre fue a la cárcel, cayó preso.
Apareció en la televisión, rapado, *alias Jacinto*, por vinculación
con el MLN «Tupamaros». Fue condenado a 24 años de prisión
pero salió a la mitad de la pena, a los doce años, amnistiado.
Esos doce años preso los pasó en el Establecimiento
Penal de Reclusión Militar núm. 1 «Libertad», digo,
estuvo 12 años preso en «Libertad». En cuanto a mí,
ya no me fue posible escapar a la poesía.

My FATHER's name is José. He's been a widower
since he was thirty-two. He's seventy-three
now. He became a widower when my mother, Elena, died
at thirty-two. A communist. My uncles, the
brothers of my mother and neighbors of my father,
said he was a communist. All my childhood I heard
my father was a communist, during
the fifties, when the American influence
(now you would say *North American*, but at the time
it was the American influence) shone in the shoes
of Doris Day, red like my shame, not like my sex,
red like the dressing rooms.
To be a communist in Uruguay in the fifties was
to be brave because they stoned you. The son of José,
the communist, orphaned by his mother, aware
that they stoned you, for a long time I believed I was Christ.
When he was fifty my father was put in jail, made prisoner.
He appeared on television, head shaven, *alias Jacinto*, connected
to the Tupamaro guerrilla movement. He was sentenced to 24 years
        of prison
but got out in half the time, twelve years, amnestied.
Those twelve years as a prisoner he spent in the *Establecimiento
Penal de Reclusión Militar* no. 1, or "Liberty." He
spent 12 years as a prisoner in "Liberty." As for me,
it was no longer possible for me to escape from poetry.

El compromiso del poeta es escribir un vaso
real, algo sublime que sirva para más
que vivir. Vivir no alcanzó nunca.
Pedir esencia, pedir médula, pedir hueso:
pedir endurecimiento de la arena, si la arena
ya es frágil, leve de pie, velo de pie,
es pedir roca caliza, sedimento. Para la sed
de ti desnuda como bajar al Precámbrico.
Algo terrible nos pasó y nos dimos cuenta:
el hueso que pedimos al poema era el mismo
hueso que el hueso de África
aunque quisieramos roca.
Las arenas de África están llenas de poemas.

THE poet's obligation is to write a true
glass, something sublime that's useful for more
than just living. Living has never been enough.
To ask for essence, to ask for marrow, to ask for bone:
to ask for a hardening of the sand, if the sand
is still fragile, light of feet, shrouded feet,
is to ask for limestone, sedimentary rock. Out of thirst
for you naked as if returning to the Precambrian.
Something terrible happened to us and we knew it:
the bone that we asked of the poem was the same
bone as the bone of Africa
although we wished for rock.
The sands of Africa are filled with poems.

Cuando caí encontré a mi padre
en el suelo, escuchando la tierra,
buscando paz en el pasto, cerca de la vaca.

WHEN I fell I found my father
on the ground, ear to the earth,
seeking peace in the pasture, close to the cow.

TODO está ligado
como para separar el pájaro
del aire y condenar al aire
como irrespirable. Todo está
ligado: *toda* la ciudad es un templo
—se refiere José a Sarajevo—, no sólo
las iglesias. *Rosas* llaman a los cráteres
donde estallaron las granadas.
¿La llamada frivolidad, los tacones altos
de la adolecente, tan criticados por mí
como vanos en la adolecente que no veía
la bomba, el hambre, Sarajevo? Son los distintos
tiempos, lo que aquí se hace pero no se resuelve
otro tiempo, lo que en otro tiempo se hace
pero no se resuelve aquí. De oeste a este,
de norte a sur: el que decide no está
en el perfume que quieres, el que decide
el bombazo quiere estar en Dios.
Y la bomba es demasiado física, demasiada materia
condensada, tanto
como para estallar: el bombazo como nostalgia
de la explosión original, un deseo
de retroceder a un pequeño dios autorizado o de que,
más adelante en el tiempo,
llueva tanto.

EVERYTHING is connected
as if to separate the bird
from the air and condemn the air
for being unbreathable. Everything is
connected: *all* of the city is a temple
—José refers to Sarajevo—not just
the churches. *Roses* is what they call the craters
where grenades exploded.
And the so-called frivolity, the high heels
of adolescent girls, so thoroughly criticized by me
for being the vanity of the girls who did not see
the bombs, the starvation, Sarajevo? It's a matter of
different times, what happens here but has no consequence
for another time, what happens in another time
but has no consequence for here. From west to east,
from north to south: the deciding factor is not
in the perfume you want, the deciding factor
in the bombing is a desire to become one with God.
And the bombs are too physical, too much condensed
matter, so much
that they explode: bombing as nostalgia
for the original explosion, a desire
to return to a small authorized god or for it,
at some future time,
to rain down lamentation.

Como defensa del habla:
para eso la poesía. Como defensa
del buen día, del buenas noches,
del te amo, antes, mucho antes
de las comillas. Antes de la vergüenza
está el corazón y antes, sobre la mesa,
hay un plato de cerezas listo. Pero antes
de lo que la imagen mató, todavía,
está la palabra encarnada
en su tiempo extra.

A DEFENSE of speaking:
this is poetry. A defense
of good day, good night,
and I love you, before, long before
the quotation marks. Before the shame
is the heart and before, on the table,
there's a plate of cherries ready. But before
what the image killed, still,
is the word made flesh
in its overtime period.

PALABRAS reales no son
palabras verdaderas. Palabras reales
son las palabras del poema cuando son
materiales (antes eran encarnadas:
se las llevaron los dioses).
Pero no son verdaderas porque no dicen
la verdad. Y éste es el cisma, la caída,
el fuego: el poema quiere decir la verdad
además de su verdad como poema. Y éste
el tajo, la herida, la hemorragia
contenida en un vaso que no es un vaso
pero quisiera ser un país latinoamericano.

REAL words are not
true words. Real words
are the words of the poem when they are
physical (they were previously made flesh:
the gods carried them off).
But they're not true because they don't tell
the truth. And this is the schism, the fall,
the fire: the poem wants to tell the truth
beyond its poetic truth. And this
the gash, the wound, the hemorrhage
caught in a glass that isn't a glass
but longs to be a Latin American country.

Nos aproximábamos al canto
unos cantores potenciales, tímidos
todavía, cuando nos dijeron que cantar
era traición. En los setenta el margen trabajaba
con el silencio. No hablar o hablar poco
era la ley. O distraer el habla en otro punto.
La poesía, como un río, creció hinchada
de silencio, sin posibilidad de desagüe.
Desaguar, aquí, es orinar. Allá
echar el oro. Las ganas se aguantaron
y la ganancia fue para el silencio.
Me dijeron unos teóricos que estábamos
en la época del fin del canto. El habla estaba,
incluso, en sombras. Ya no salía el sol del habla
o no se lo veía. Había poca luz: hablar es ver.
Los ciegos tropezábamos con el silencio
y los pájaros volaban por encima, muy por encima.
Era la edad de la ceguera en la que el hombre
no podía orinar.

WE were almost ready to sing,
several potential singers, still
shy, when they told us that singing
was treason. In the seventies the margin worked
with silence. To not speak or to speak little
was the law. Or to divert your speech to another place.
Poetry, like a river, grew bloated
with silence, without possibility of draining.
To drain, here, is to piss. There,
to cast off gold. We kept our desires in check
and found profit in silence.
Some theorists told me we were
in the epoch of the end of singing. Even speaking
was in shadows. The sun of speaking didn't rise
or you couldn't see it. There was scarcely light: to speak
is to see. We were blind, crashing into silence,
and the birds would fly above, far above.
It was the age of blindness in which men
could not piss.

La presencia es como un viento
ausente, que se apagó. *Como,*
pero no es un viento.
Un viento, un buen viento empujaría
los eucaliptos hasta el fin de su arqueo.

La ternura es eso que me viene
cuando veo los zapatos de mi hijo
solos, sin él,
como si él fuera sus pies.

O como si Van Gogh fuera mi hijo.
Como si,
porque Alejandro es mi hijo.

PRESENCE is like an absent
wind that has blown out. *Like*,
but it is not a wind.
A wind, a good wind would push
the eucalyptus to the end of its arc.

Tenderness is what comes to me
when I see the shoes of my son
alone, without him,
as if he were his feet.

Or as if Van Gogh were my son.
As if,
because Alejandro is my son.

Homenaje al lenguaje

Primera parte

*Ya pasó el tiempo en que me acercaba a ti como a un
almácigo. Entraba en tu ámbito extenso, casi
inconmensurable, más allá del contexto, como
quien entra más allá de sí mismo al páramo
donde se encuentra. Me quedaba mirándote sin
escribir, era como la misma hora siempre, era
como una paz
o una especie de paz. Desaparecían las tensiones. Era
como una especie de paz en extinción.

*No había árboles
pero tampoco guerra. Yo sabía que al entrar en ti, como
quien entra en tu lugar, no iba a ganar el premio. Y todo
lo que tenía encima me presionaba. El sol, siempre, es
una gran presión.

*Yo era los animales.
Yo era los animales pacificados
pero no por tu música sino por tu silencio. Por los
acordes que no oía, por las voces
que no escuchaba, hay una prolongación, muy extraña,
de rododendros. Yo logré ser —y ese es mi triunfo—
un silencio de los animales esperando de ti
o una especie, una señal.

*Estoy quitando dar,
estoy quitando dar al entrar en ti,
no estoy dando,
estoy quitándole a Gabriela,
estoy quitándole a Alejandro,
no soy, al entrar en ti,
mi segundo nombre. Amor, juegos contigo, miradas
al cielo —¿cómo es posible que existan estos árboles
sobre el cielo, tan ausentes de nosotros?—
No es que no los quiera: necesito pedir perdón.

Homage to Language

First Part

*The time is now past in which I approached you like a
plantation. I would enter your extensive environs, almost
immeasurable, out of context, like
a man leaving himself behind on the brink
of finding himself. I would stare at you without
writing, it was always about same time, it was
like peace
or a kind of peace. Tensions disappeared. It was
like a kind of peace in extinction.

*There were no trees
but neither was there war. I knew that by entering you, like
one who enters into your place, I wasn't going to win a prize. And
everything above me pinned me down. The sun is always
a heavy burden.

*I was the animals.
I was the animals pacified,
not by your music but by your silence. By the
chords I didn't hear, by the voices
I didn't listen to, there's a prolongation, very strange,
of rhododendrons. And I became—and this is my triumph—
a silence of the animals waiting for
a type, a sign, from you.

*I'm taking away giving,
I'm taking away giving by entering into you,
I'm not giving,
I'm taking away Gabriela,
I'm taking away Alejandro,
I'm not, upon entering you,
my second name. Love, games with you, glances
at the sky—how is it possible for those trees over
the sky to exist, so absent from us?—
It's not that I don't love them: I need to ask forgiveness.

Por eso entro.

*Dividí el mundo en dos, lo partí.
Están los que dan
y están los que no dan. Es muy simple.
Está el sol, ese huevo tan extraño que ya no
recuerda nada, y está la luna más extraña,
aún estando el sol, en su continuidad.
No recuerda su propia creación, su momento.
Y siento que una frontera me sigue.

*Yo no entraba en ti buscando poesía,
ni extraños frutos, ni paraíso, ni
manifestación. No tenía la menor idea
de lo que era una epifanía o un dejarse,
un caer. Entraba buscándote a ti.
La carne que me diste vino sola,
no pedida, como pulpa de Dios. Pero entonces
—yo no pedía nada, yo no sabía nada— ¿por qué
me culpo?

Segunda parte

* ¿La ausencia es mi centro?
¿Ese centro lo llena la escritura?
¿No lo llenan Gabriela,
Leonora, Andrés y Alejandro?
¿Pedirles que llenen mi ausencia
—si la ausencia es mi ausencia—
no es pedirles que me sirvan de soporte
para no caer?
¿La tristeza que siento cuando los veo
no es la tristeza por quererlos mediado por mi ausencia?

*Si la ausencia es mi ausencia
estoy identificado con lo que no está.
Si estoy identificado con lo que no está
de alguna manera no estoy.

For this I enter.

*I divided the world in two, I parted it.
There are those who give
and those who don't give. It's very simple.
There is the sun, that strange egg that no longer
remembers anything, and there's the even stranger moon,
even with the sun there, in its continuity.
It doesn't remember its own creation, its moment.
And I feel like a frontier is following me.

*I didn't enter into you seeking poetry,
nor strange fruit, nor paradise, nor
a manifestation. I hadn't the slightest idea
of what an epiphany was or a leaving behind,
a fall. I entered looking for you.
The flesh that you offered came on its own,
unasked for, like God's flesh. But then
—I asked for nothing, I knew nothing—why
do I blame myself?

Second Part

*Is absence my center?
That center, is it filled by writing?
Don't Gabriela, Leonora,
Andrés, and Alejandro fill it?
Isn't asking them to fill my absence
—if the absence is my absence—
like asking them to hold me up
so I don't fall?
Isn't the sadness I feel when I see them
the sadness of a love mediated by my absence?

*If absence is my absence
I'm identified by what's not there.
If I'm identified by what's not there
in some way I'm not there.

¿Cómo querer si no estoy?
¿Qué me puede hacer estar
para volver a querer a los que quiero
sin verlos como a la distancia,
sin poder acercarme a ellos?
¿La escritura puede hacerme estar?
¿Es la escritura la asunción de la ausencia?

*La ausencia es un dolor
vuelto vacío, es un cambio
de centro: un centro que ya no está fuera
sino adentro.
Escribir es permitir
que la ausencia crezca
en sus dominios internos, que vaya
por sus propios fueros. Escribir
es reconocer el adentro, es
verlo.
Pero es un adentro que sale, se asoma
a la ventana, revela la ausencia.

*Olvidé durante mucho tiempo
que la palabra es de adentro,
enamorado tal vez de tanto verla fuera,
de tanto mundo que insiste en que la palabra es de afuera,
como si la palabra sólo comunicara
cuando la palabra no sólo es lazo.
Una palabra condenada a celebrar
o a condenar el mundo,
una palabra del mundo
no puede durar mucho tiempo.

*Una parte de la palabra
debe permanecer en su adentro.
Una parte de la palabra es secreto.
No sé si para toda la poesía:
para estos poemas.
Esa parte de la palabra que es secreto
protege su adentro.

How to love if I'm not there?
What can make me be there
to love again those whom I love
without seeing them as in the distance,
unable to draw near to them?
Can writing make me be there?
Is writing the assumption of absence?

*Absence is a pain
made empty, it's a change
of center: a center no longer outside
but inside.
To write is to permit
the absence to grow
in its internal realms, to travel
through its own jurisdictions. To write
is to recognize what's inside,
to see it.
But it's an interior that goes outside, appears
at the window, reveals absence.

*For a long time I forgot
that the word comes from inside,
enamored perhaps of seeing it so much outside,
of so much world that insists that the word comes from outside,
as if the word only communicated
when the word is more than a bond.
A word condemned to celebrate
or condemn the world,
a word from the world
cannot last long.

*A part of the word
must remain in its interior.
A part of the word is secret.
I don't know if it's true for all poetry:
for these poems.
That secret part of the word
protects its interior.

Es la parte vigilante de la palabra,
la parte de la palabra que no habla,
su parte guardián de la frontera.
Es la parte-silencio de la palabra
que ya no escuchamos
empeñados en que la palabra hable por completo.
Olvidamos —olvidé— que el hombre-palabra
tiene una parte silencio.
El pájaro es todo el pájaro
pero la palabra no es toda palabra ella,
es parte silencio y parte habla.
Este es el aviso de la palabra:
silencio-aguas.
Gracias a Gabriela que me dijo:
«olvida todo y ponte a escribir.»
Esto es más o menos sincero.

Tercera parte

*Se puede bucear más,
siempre se puede más
averiguar los peces
del fondo.
Sin olvidar que parte
de la palabra es silencio.

*Ir allí
y volver
para que la memoria nazca
y muera el recuerdo.
Ir allí pero regresar a casa.
No olvidar por el camino que una parte
de la palabra es silencio.

*Ir a buscar el origen del dolor,
el prístino, el inmaculado o casi,
porque aún ese tiene rezagos de tiempo
como una cabeza coronada de polvo

It's the watchful part of the word,
that part of the word that doesn't speak,
its boundary-guarding part.
It's the silence-part of the word
that we no longer hear
intent as we are on making the word speak fully.
We forget—I forgot—that the word-man
has a silence part.
The bird is the whole bird
but the word isn't all word,
it's part silence and part speaking.
This is the word's warning:
silence-waters.
Thanks to Gabriela who told me:
"forget it all and start writing."
This is more or less sincere.

Third Part

*You can always dive deeper,
always go further
to discover the fishes
in the depths.
Without forgetting that part
of the word is silence.

*Going there
and coming back
so that memory is born
and remembering dies.
Going there but returning home.
Not forgetting along the way that part
of the word is silence.

*Going in search of the origin of pain,
pristine, immaculate or almost so,
because even that carries traces of time
like a head crowned with dust

o un sombrero cubierto de hojas verdes.
Es lo que queda del regreso: no olvidar
que parte de la palabra es silencio.

*Se puede parodiar al sol,
cómo no se va a poder decir que bien vale una parodia
el sol, una parodia que quema.
Parodiar esa garza por su pata
y por la otra que se dobla
explícita.
Es posible no entender una garza
sin olvidar que parte de la palabra es silencio.

*Es posible morder la mano
que te da de comer. Por justicia,
no por arrepentimiento.
Y dejar la mano intacta
sin la huella de los dientes.
Una vez es posible ser un perro.
Sin olvidar que una parte de la palabra es silencio.
No la más fiel, la más buena.

*Todo se puede en este mundo
a juzgar por los hechos
que no dejan mentir.
Esos hechos, los encargados
de frenar el exceso. El exceso,
esa cresta que en la aurora canta todo su Poder
es la potencia misma donde el abismo se expresa.
El exceso no cree en los hechos.
Olvida el exceso que parte de la palabra es silencio.

*Es posible ser sincero
pese al corazón expuesto
a la mordida del perro que pasa.
Siempre hay un perro que pasa
alrededor del sincero,
muy cerca, peligrosamente,
del corazón expuesto.

or a hat covered with green leaves.
It's the remnants of the return: not forgetting
that part of the word is silence.

*You can parody the sun,
who could argue with the sun deserving
a parody, a parody that burns.
To parody that heron for its leg
and for its other one that bends
explicitly.
It's possible to misunderstand a heron
without forgetting that part of the word is silence.

*It's possible to bite the hand
that feeds you. Out of justice,
not out of remorse.
And to leave the hand intact
without teeth marks.
Sometimes it's possible to be a dog.
Without forgetting that part of the word is silence.
Not the most faithful, the best.

*Everything is possible in this world
judging by the acts
that don't allow for lies.
Those acts, charged with
reining in excess. Excess,
that bird that sings all of its Power at dawn
is the very force where the abyss shows itself.
Excess doesn't believe in acts.
Excess forgets that part of the word is silence.

*It's possible to be sincere
in spite of a heart exposed
to the bite of a stray dog.
There's always a stray dog
nearby if you're sincere,
very close, dangerously,
to your exposed heart.

A tres pasos del estacionamiento,
en el cantero crece el ciruelo.

*Escrito esto,
pidiendo que no haya represalia
del destino cierto.
Con el dolor dicho,
con el pasado ausente,
con cierta paz, con esta noche
y para ella.

Ella es Gabriela.

Three steps from the parking lot
grows a plum tree in a planter.

*Having written this,
pleading for no reprisals
of sure fate.
With the pain spoken,
with the past absent,
with a certain peace, with this night
and for her.

She is Gabriela.

No el silencio
poderoso:
                    menos,
algo como un balbuceo,
menos,
como un dolor sucedido que no debió,
menos,
como su corrección cumplida
—ese paso de aves suspendidas
como si fueran al sur
o a caer—.
                    Pero menos,
como un mundo.

NOT a strong
silence:
less,
something like babbling,
less,
like pain that happened but shouldn't have,
less,
like a correction that it's made
—that passage of birds suspended
as if they were going south
or going to fall.
But less,
like a world.

¿Y LAS bocas enmudecidas por el miedo?
Dicen otra cosa, siempre otra cosa.
Y todas esas otras cosas
vuelan hacia abajo ocupando espacios,
espacios vírgenes,
huyendo de lo que no dijeron.
No dijeron: ¿hasta cuándo golpearás
sobre nuestras cabezas?
¿Hasta cuándo nos caminarás por encima,
pasos de poder, hasta cuándo
nos clavarás la conciencia?

AND mouths silenced by fear?
They say something else, always something else.
And all those other things
fly downward occupying spaces,
virgin spaces,
fleeing from what they didn't say.
They didn't say: How long will you beat
down upon our heads?
How long will you trample us,
powerful strides, how long
will you pierce our conscience?

ESCRIBIR es como un círculo,
como la creación de una cabeza de viento.
Es como abejas alrededor de algo
así como un panal, así como una dulzura
saliendo de tus senos por una vez posible:
ésta. Así es escribir,
no como se dice oscuramente debajo de una piedra,
la del alma. Así es como el alma
va perdiendo gravedad y levanta.

WRITING is like a circle,
like creating a head of wind.
It's like bees surrounding something
like honeycomb, like a sweetness
dripping from your breasts at last possible:
this. Thus is writing,
not like they say darkly underneath a rock,
that of the soul. Thus the soul
loses gravity and rises up.

DE derecha a izquierda
detrás de la ventana
pasaron unos pájaros rapidísimos,
flechas
o soplo de un dios fuera de cuadro.
Muchas
flechas,
cuál dios.
El de los pájaros rapidísimos, flechas,
el del soplo de lo mucho,
lo completo,
el del enfoque total.
Y las heridas de los otros
también fuera de cuadro,
heridos por los pájaros rapidísimos,
que siempre no se ven.

FROM right to left
outside the window
flew lightning birds,
arrows
or the breath of some god beyond the frame.
Many
arrows,
that one god.
The god of the lightning birds, arrows,
of the breath of greatness,
completeness,
the one of total focus.
And the wounds of the others
also beyond the frame,
wounded by the lightning birds,
that are always unseen.

Es importante que el niño nazca
y que el adulto no nazca,
dijo mi hijo. Curiosa paradoja
sobretodo porque no lo es.
Cuando vemos lo que hacemos los adultos
o no vemos lo que hacemos los adultos
cuando juegan a la verdad y no vemos
porque no queremos ver, no comprendemos
cómo pudimos haber llegado ahí, acá,
a todas partes. Esa paradoja que no es
me la regaló un día Alejandro, de mañana,
distraído, mientras jugábamos a no sé qué.
Es importante que el niño nazca,
niño ceremonial.

It's important that children be born
and that adults not be born,
said my son. A curious paradox
most of all because it isn't.
When we see what we adults do
or don't see what we adults do
when we play with the truth and don't see
because we don't want to see, we don't understand
how we've gotten there, here,
anywhere. This paradox that isn't
was given to me by Alejandro when, one morning,
we played a distracted game of who knows what.
It's important that children be born,
ceremonial children.

CREÍMOS que el horror nos dejaría
al cambiar de domicilio. Un domicilio
finalmente es una casa. ¿Por qué lo creímos?
En esta nueva casa hermosa con sus grandes
ventanas y sus grandes plantas y el pequeño
jardín y el pequeño Alejandro.
Dijimos: «Nos han devuelto algo». Algo
esencial como vida en su momento arrebatada,
digamos la vida, el amor defendido
palmo a palmo, quiere decir que con las palmas
hacia arriba, mostradas abiertas con sus cuencas
y sus líneas del destino hacia el cielo,
sin defensa. O sea no con los nudillos,
con las venas entrelazadas ocultando
como enredaderas o con las raíces carabajo,
vergonzosas. No quisimos una vegetación en fuga
hacia el pantano. Sino el no-horror,
la no colgada de la voz del otro lado.

WE believed that the horror would leave us
when we moved. A residence
is after all a house. Why did we believe it?
In this new house, beautiful with its grand
windows and great plants and tiny
garden and tiny Alejandro.
We said, "Something has been given back to us." Something
essential like life cut down in its prime,
let us say life, love defended
inch by inch, meaning with the palms
up, open, cupped,
with their lifelines toward the sky,
defenseless. Meaning not with the knuckles,
with the veins interlaced hiding
like creepers or with the roots going down,
ashamed. We didn't want the vegetation fleeing
toward the swamp. Rather the not-horror,
the not-hanging of the voice from the other side.

POEMAS 2005–2009

POEMS 2005–2009

TRANSLATED BY JOHN OLIVER SIMON

EL SALTO del tigre, metáfora
de un desprendimiento de prosa
que salta a verso contra la adversidad
que está circunscribiendo, trazando un círculo.
Lince, tigre, león, saltan desde acá.
Protejo la palabra circo, al precioso
trofeo de mi infancia arrebatado a Roma:
en mi palabra no se come carne humana.
El círculo de la prosa va pasando en viaje inverso
por la arena imperial, pasto para
la caballería del presente, memorioso pasto
para la caballería que lo pisa, ciega.
El paso del caballo es metáfora antigua,
una herramienta, un instrumento corroído
para el roído corazón de la metáfora —imagínate
una nuez, el corazón roído en su nuez—,
nadie creíble canta la victoria de aplastar
víctimas, nadie creíble canta la victoria,
no hay victoria: hay exterminio, letra muerta.
Técnica pobre, destiempo referido
a las actuales, ricas de aniquilamiento,
tanto que un tanque no de agua, no de oxígeno,
sí de guerra, israelí, otra vez
a volver masa, a deshacer como materia
para pasta que se reenvía a un amorfo,
informe origen donde amor, que tiene forma,
no cuenta, para que nada cuente-palestinos.
Salta el tigre, desprendimiento.

THE LEAP of the tiger, a metaphor
for letting go of prose
which leaps to verse against adversity,
circumscribing, tracing a circle.
Lynx, tiger, lion leaping out of here,
I protect the word *circus,* the precious
childhood trophy I carted away from Rome:
in my word human flesh is not eaten.
Prose circles counter-clockwise
around the imperial sand, a field for
cavalry of the present moment, a storied field
for cavalry trodding blindly.
The horse's step is an old metaphor,
a tool, a corroded instrument
for the worm-eaten heart of metaphor:
imagine a walnut, heart chewed in a nut.
Nobody credible sings the victory of crushing
victims, nobody credible sings victory,
ain't no victory but extermination, dead letter.
Poor technique, a bad moment as
compared to today, rich in annihilation,
so that a tank not of water or oxygen
but a wartank, Israeli at that, is turned
into mass, dissolving as matter
into a dough going back to amorphous
chaotic origin where love, which has a shape,
doesn't count, because nothing counts: Palestinians.
The tiger leaps, a letting go.

Un alto en el camino, un árbol alto:
sigan ustedes, yo reinicio.
Está cortada la memoria más que colcha
de retazos, pegada. Suficiente
adherencia para ser un Pritt andando:
pared que toca queda con su mano.
Con esa colcha uno se tapa, se protege de la escarcha.
hay mucha escarcha en este invierno,
este invierno está lleno de cristales. ¿Tallará,
estallará los fríos para que les dé calor?
Te refieres al diamante, no al cristal:
Al que recorta el vidrio para meter la mano.
Un día dije sí al diamante, otro día dije no
en dos libros separados para que se publicara
ahora que hay un programa de lectura masivo:
colgaban como dos dijes en peligro de su garganta.
¿Pordiosero? Por Dios, no: cuestión de la memoria,
no sé si la memoria cubre un Eros acostada,
no lo creo, más que colcha de retazos.
Esta tendencia al endecasílabo,
como que se configura a los tumbos, ahí va dando
esta insana tendencia al endecasílabo
aunque empiece por la norteamericana,
el mejor corte, el del habla
que se habla
en la calle, no en la casa.
¿Por qué la referencia en el poema
cuando habla es la calle, no la casa?
¿Acaso la casa no es la libre
de habla, sí la calle?
Parece que el poema quiere unas luciérnagas,
unas chispas en la esquina, una faramalla,
una lejana bailarina que da el salto
que pasó, no estaba. Fuegos de artificio,
noche feriada con la herida oculta.
No quiere mesa, no quiere silla, no quiere cama.
Imagina el alma en la pradera, como si

A WAYSIDE rest, a tall tree:
You all go on, I'll start over.
Memory's chopped up like a patchwork
Quilt sewn back together. Enough
Adhesion to be a walking glue-stick.
Fingerprints stuck to every wall.
Wrap yourself up in this quilt against the cold.
We've had a lot of frost this winter,
Winter so full of crystals. Will the cold
Explode in order to warm the globe?
Talking about crystal, what about diamond
That cuts grass so you could stick your hand in?
One day I said yes to diamonds, another day no
In two books that were separated at birth
Now we have a massive literacy program.
Two statements in danger of one throat.
Cutthroat? No, by God: a question of memory.
Who knows if memory covers recumbent Eros,
I doubt it, any more than a patchwork quilt.
It seems I'm back to writing in blank verse.
Nicely cut out for a bump on the bum, there goes
That crazy tendency of mine to write blank verse
Although it starts out in North American style
And cuts to spoken word,
What you say
In the street, not at home.
Why does the poem have to refer
When speech is the street, not home?
Is your home exempt
From speech, unlike the street?
I guess the poem wants some fireflies
(Blank) sparks on the corner, bombast,
Distant ballerina leaping high
Gone, I wasn't there. Fireworks,
Holiday night with a hidden wound.
Don't want no table, chair or bed.
Imagine the soul in a meadow, as if

hubiera un alma libre sin cuerpo de caballo.
Me refería a esta tendencia, a esta asonancia
endecasilábica en los labios de escribir,
no en los de hablar, por si fueran dos los labios
y no el de arriba, el superior, partido en dos
y el que parece —pero miente— unánime, de abajo,
esta como cresta
casi final como si antes lavara
todas las penas del habla —¿con qué menos?—
LA APRENDÍ EN EL SIGLO DE ORO, no en Petrarca,
digo, por la doble referencia al diamante.
Esta tendencia a la asonancia de la ropa sucia,
una asonancia sorda que se lava en casa,
dicen los que no quieren que se sepa, sabios.
Somos sordos a la ropa,
nada que se escuche menos,
¿escuchaste a la camisa, al pantalón
que murmura en el insomnio cosas?
Colinas, abandonos, caballos,
piernas modernas, y por las piernas, tráfico.
Algo imagina que la ropa es cuerpo, algo,
lo mismo que imagina que ese cuerpo es alma.
De la ropa no se escucha un grito,
el vulto está apagado.
Cuando ella se la quita la vagina escapa, intacta.
¿Escuchaste el grito de la ropa, su flamenco,
su aire aireándose al respiro? Yo tampoco.
¿Tú tampoco? ¿Entonces quién si nunca es nadie?
Pobre cuerpo cuyo deseo es sonar,
cubierto de ahogo, cómplice de ropa.

The soul could be free in a horse's body.
I'm talking about that assonant tendency
To tape blank verse upon the lips of writing,
Not those of speech, two sets of lips
And the upper lip, not the superior, split
And the lower lip unanimously lying.
The zest of the crest
Almost final, as if at first I washed
Away the pains of speech—with what hands?
I LEARNED IT IN THE *SIGLO DE ORO*, not from Petrarch,
I say, doubly referring to the diamond.
Assonant tendency of my dirty laundry,
Deaf assonance you'd better wash at home.
A word to the wise, don't spread the word.
We're deaf to clothes,
Nobody gets less ear time,
Do you listen to your pants and shirt
Murmuring sweet nothings when you can't sleep?
Mountains, horses, abandonment,
Modern legs, and traffic up the legs.
Anybody think that clothes are body? Any-
Body think this body of ours is soul?
Not a peep from the clothes.
The hamper's quiet as a mouse.
When she gets dressed her vagina flies free.
Do you hear clothes scream in their flamenco,
Their panting struggle for breath? Me neither.
You neither? Then who, since there's never no-
Body? Poor body just wants to make noise,
Covered with drowning, accomplice of clothes.

DECIR para, por una alegría,
apoderarse de la letra —poder:
lleva la mano sinuosa a repetir
por montañas, valles, una escuela.
De las de aprender, escuela real.
Un río pasa por la mano redondeado,
aproximadamente un río.

Esto es crear a mano un ámbito.
No tienes nada, en suma,
un poco menos quizás, ámbito.

Es la tendencia al menudeo,
gesto, apuesta, valor,
coraje en su lugar en el sentido de valiente,
ala, pico, proa
en una sola dirección el corazón se vislumbra.

«Autocontención», dijo un amigo,
eso es, de aquí no paso aunque podría,
AUNQUE PUEDO, por qué condicionar
—no sólo con minúsculas el músculo—
el querer que sí existe, vive en tu espacio,
no hay espacio sin querer. ¿Hay flor?
Hay flor, no hay espacio sin querer, sin flor,
con querer la flor lo llena,
hueledenoche de día.

To SPEAK OUT, on a whim, to take
Charge of the text—to be able;
To raise a sinuous hand to repeat
Mountains and valleys, a school.
A real school, where you learn.
A river passes bending by hand,
Approximately a river.

Building an environment by hand,
You've got nothing to speak of,
Maybe less than an environment.

A tendency toward retail.
Gesture, vow and valor,
Rage in its place in the sense of courage,
Wing, beak and prow,
Heart glimpsed from one direction.

"Fighting yourself," a friend said,
I go no farther though I could,
THOUGH I CAN, why conditional—
Not even muscles in lower-case—
Longing to exist, living in your space,
No space without longing. What about flowers?
Flowers, no space without longing, or flowers,
Longing for the flower fills up space,
Honeysuckles suck the sun.

Antes

En el tiempo de mis 31—
32, Haroldo en tránsito
por aquí me invita a visitar Palenque.
«Vamos a Palenque, Milán». Escribo
esto como una carta desatinada, a mano.
Creo que le respondí, soberbio, que no
me gustaban las ruinas. Era cierto.
«No me gustan las ruinas, Haroldo».
Pero Haroldo convence: «ahí hay inscrita
una figura en una lápida en el Templo
de las Inscripciones que parece extraterrestre».
Haroldo cita ese viaje en un ensayo,
'De uma cosmopoesia',
publicado en *Poesía Siempre* en 2001.
Estamos hablando del 83–84. Cita el descenso
al útero húmedo —así lo veo ahora—, cita
la salida del encierro sofocante, el parto.
Cita nuestro gateo a la cercana palapa—
la repalapa —éramos dos— que nos cobija
con su lluvia fresca —para comer.
Cita el sentarnos. El temblor —era de no creer,
TEMBLÓ, difícil de aceptar la coincidencia
del venido del cielo y la tierra que se libra,
se acomoda o se libera de una posición incómoda,
se sacude algo —tiembla— como un perro,
un perro se sacude las gotas de su pelo.
Para lo que se acostumbra un temblor leve
pero nada se acostumbra a un temblor,
no hay temblor leve después de haber estado
junto a la lápida, hundidos en el útero
húmedo, pegados a la pared que escurre agua.
«El mayonauta», dice Haroldo
y nombra a la figura inscrita en la lápida
del Templo de las Inscripciones: «mayonauta»,
unión de «maya» y «astronauta»,
bautismo de *pormantó*
digno del momento de guerra del período

Before

When I was 31
Or 32, Haroldo de Campos passing through
These parts invited me to visit Palenque:
"Let's go to Palenque, Milán." I write
This out by hand now, like a letter to someone.
I think I told him with arrogance
I hated ruins. It was true.
"I don't like ruins, Haroldo."
Haroldo talked me into it. "Down there
In the Temple of the Inscriptions there's a figure
Carved on a stone tomb that looks extraterrestrial."
Haroldo refers to this trip in an essay,
"De uma cosmopoesia,"
Published in *Poesia Sempre* in 2001.
We're talking 1983–84. He talks of our descent
Into moist uterus—now I see it thus—describing
our ascent out of that fetid darkness as a birth.
He narrates how we stumbled to a nearby palapa—
A double palapa—sheltering the two of us
From light rain—to eat lunch.
We sat down. An earthquake—unbelievable,
THE EARTH SHOOK, hard to accept as coincidence
Coming out of sky and insurgent earth
Shifting its elbow out of cramped position,
Shook trembling—like a dog,
A dog shaking drops of water from its coat.
A minor tremor for those who are used to it
But you never get used to earthquakes.
No minor tremor after you've been swallowed up
By moist uterus, near the carved tombstone
Crowded against walls dripping with water.
"The Mayonaut," said Haroldo,
Naming the carven figure on the tomb
In the Temple of the Inscriptions "mayonaut,"
Combination of "Maya" and "astronaut,"
Portmanteau coinage
Worthy of the poetry wars of the Brazilian

concreto (1952?–1960?): sólo faltó
que todo aquello hubiera sucedido en mayo.
El bautismo es un oasis entre ruinas,
cosa concreta que a la ausencia el nombre rapta.
Fuera del útero del Templo el temblor bajo la palapa
—la repalapa que nos da cobijo —éramos dos—,
vuelo de mariposa a una distancia prudente,
temblor de alas que sacude.

No sé qué hay que explicar, Haroldo, ahora
igual que entonces no hay nada que explicar:
no hay que explicar un vuelo de mariposa.
O sí hay que explicar:
Haroldo tuvo una iluminación,
se iluminó de pie frente a la lápida.
Es difícil distinguir entre la luz
que cotidianamente baña un rostro
asombrado —lo contrario exacto
de un rostro en sombras, en penumbra, ojos
desorbitados por una luz de adentro—
el tinte de una nueva luz:
algo de calcáreo, el talón
que le sube el talón al rostro,
de rostro que vence la impotencia,
la cólera o la ira. La memoria acude rápida
al llamado de la campanita
desde la mesa de unos comensales
—devenir de resplandores alrededor de uno solo.
Rostro de Haroldo que perdura en mí,
la pregunta es: ¿quién tocó la campanita?

Concrete period (1952?–1960?): if only
All this had happened in the month of May!
In any case, baptism's an oasis amid ruins,
A concrete thing that snatches its name from absence.
Out of uterus of Temple the earthquake
Under double palapa sheltering the two of us,
A butterfly fluttered at a prudent distance,
Trembling shaking wings.

I don't know what needs to be explained, Haroldo,
Now just as then, nothing to explain:
Can't explain flight of butterfly.
Or maybe got to explain:
Haroldo had an epiphany,
Illuminated, facing the stone.
Hard to make out in that light,
Flashlight in deep darkness
Which bathed his only face
In wonder—Exact opposite
Of a face in shadows, in eclipse, his eyes
Bulging with inner light—
Tint of a new light: Something chalky, with claws
Rising foot to face,
Face defeating impotence,
Anger and rage. Memory comes to me
Summoned by little bells
From the table of the feast
The flux of splendor on one person alone.
Haroldo's face enduring in me,
My question: who rang that little bell?

(Motivo de Martínez Rivas)

Nunca diste al alma la sublime sonata.
Darío

Y tú nunca el rap sublime, el rithm & poetry,
tú no crees que el alma ande en la calle,
no crees que el alma habite en el zapato.
Queda claro que tú aquí soy yo.
Para ti el alma vive plegada en un ocaso
o retraída en un crepúsculo interior, el tango
que los ángeles, porque no quieren, tocar sin tocar.
¿Música de armónica tocada por la boca
nítida de nicotina en el olor? ¿Gaita?
Claro que «para ti» aquí es «para mí»,
«gaita» me toca directamente más que armónica.
«Boca
nítida de nicotina» no sé, fumo apartado.
Hay nubes negras donde casi no hay futuro. Estar cerca.

(On a Theme of Carlos Martínez Rivas)

"You never gave a sublime sonata to the soul"
—Rubén Darío

You never did the rap sublime, *ritmo y poesía.*
You don't believe the soul goes streetwalking,
Don't believe the soul resides in a show.
Of course when I say you I mean me.
For you the soul lies folded in sunset,
Outlined gloomy interiors, the tango
The angels play without playing because they can't love.
Harmonica music played by mouth
Sharply smelling of nicotine. Hurdy-gurdy.
Everything meant for you is meant for me.
Hurdy-gurdy goes deeper than harmonica.
Mouth
Sharp with taste of nicotine, I dunno,
                    I smoke on the porch.
Black clouds where there's almost no future. Coming on.

José Milán (1922–2004)

«Yo sé» nunca decía
lo que sabía —era humilde,
una aldaba es humilde
por más garra. Parco. Vivía con
dignidad, memoria, hijos
que siempre son presente
y su mujer, Rosa, en un estricto
sentido de realidad, el marco
por el que volvía seguro
incluso al que pasaba, por ejemplo,
frente a la ventana entreabierta.
Pero él sabía, José.
Coherencia, eso tenía
coherencia de corazón.
Bancario —«un hombre como él
prestarse a eso, un hombre recto»—
por eso mismo, precisamente por eso.
Había una vez un hombre que manejaba dinero,
mi padre, no de él.
Un hombre de campo:
lo que sólo puede querer decir, con campo,
una cosa: querer, o sea
—no del mar— campanas de la naturaleza,
profundidad, lo que signifique
en el cautiverio de apariencias,
en el hervidero que nos recalienta,
en la vitalicia, por lavada, por eterna
y lavada indiferencia. Verde
para la naturaleza y para el juicio
maduro. Así debe ser el compás,
por el momento. Por el momento
atrapados entre cuatro noticias
salidas por el mismo caño, no boca
que boca es mucha dicha así, opaca.
Tú que sabes, acuérdate de las cañas
de Tres Cruces. José lo que te dijo:
acuérdate de las cañadas, descansa de saber.

José Milán (1922–2004)

'*Yo sé,*' his name, José,
'I know,' he never said
What he knew. He was humble.
A door-knob is humble
Though grasped by claws. Sparing.
He lived with dignity, memory, children
Always there for him,
And his wife Rosa, in the strict
Sense of reality, the frame
That allowed him to return safe and sound
From passing by, for example,
A half-open window.
But he knew. *Yo sé,* José.
Coherence, he had
Heart-coherence.
A banker told me: "to make a loan
to a man like him, an honest man—"
That's why, precisely why.
Once there was a man who handled money,
My father, not his money.
A man from the country.
And country can only mean
One thing: to love
Not the sea, but the bells of nature,
Depth, whatever that means
In the captivity of appearances,
The hotbed warms us up,
Vitality, eternal
Washed-clean indifference. Ripe
For the wilderness and mature
Judgment. That's the rhythm
For now. For the moment
Trapped between four sources of
News spurting out of a tube, not a mouth
A mouth is a mouthful, opaque.
You who know, tell me about the canyon
At Tres Cruces. José, *Yo sé,*
I know what I'm telling you.
Think about the canyon, take a rest from knowledge.

UNA LITERATURA al borde de la no literatura
no es una literatura al borde de la literatura?
Finalmente una oveja
al borde la no oveja no es una oveja al borde la oveja?
Finalmente un cuerpo sigue como sea
el mar como sea
la arena como sea
el río como sea
el De La Plata
en otro o en su ausencia

La literatura empieza en donde termina[1]
ahí sí que se terminó la prosa
el día monumental que entró, cocodrilo[2]
en aguas de Felisberto Hernández[3]

> [1]   al menos en el siglo XX,
>   al menos a la orilla del Ganges, indio
>
> [2]   un cocodrilo entró,
>   dejó las lágrimas afuera,
>   yerba de ayer, José Gervasio Artigas
>
> [3]   hay que respetar las llamadas,
>   pueden ser de dolor,
>   ser de Dolce Stil,
>   ser de dólmenes de Stonehenge,
>   inmemorial resonancia no termina con toc-toc en tortuga

Isn't a literature at the edge of non-literature
a literature at the edge of literature?
Finally isn't a sheep
at the edge of non-sheep a sheep at the edge of sheep?
A sheep counting itself to go to sleep?
Finally a body goes on as it will
the sea as it will
love as it will
the river of La Plata
— Silver — as it will
in another or its absence

Literature begins where it ends[1]
this is where prose is really over
the monumental day a crocodile[2]
swam into the waters of Felisberto Hernández[3]

[1]   at least in the twentieth century
      at least on the banks of the Ganges, Indian lover

[2]   a crocodile swam in,
      left its tears outside
      yesterday's grass, José Gervasio Artigas[5]

[3]   got to respect the call,
      of pain
      of Dolce Stil Novo
      of the dolmens of Stonehenge
      immemorial resonance not fading out
      tick-tock on tortoise-shell

I

El cuerpo está desnudo.
Ropa que miente, cuerpo que no alcanza
abandonado más que huérfano.
Tanta habla que la palabra se ahogó
en el oasis de sí misma, labia.
Y esas pisadas que son esas pisadas
y no dejan de ser hasta perderse, últimas.
¿Se sitúan dónde?

II

Ante mi pobreza en igualdad legítima
—hay sin tierra, hay sin casa,
indigente=lugareño,
indigente=mundial—,
con culpa, convergente en trapos,
fachada rebocada, bajorrelieve agudo,
doble bocanada de humo contenido,
te presentas con tu banquete, tu cuerpo,
ninguna identidad más que tu cuerpo,
ninguna montaña, valle o la pradera
de abundante pastura para el de perfil
más que tu cuerpo sin más identidad
ofrecida en tiempo de carencia,
visto así, cubierto de palabras,
en conjunto, rasgo grande, en general
antes del cuerpo viene una caricia, una emisaria.

A continuación la identidad, que tardaba:
tu cuerpo es una mesa puesta
para el mío, silla ante la mesa,
banco abandonado cuyo efectivo voló.
Se esperaba la palabra comensal
—algo de acción, algo de fénix—

I

The body's naked.
Lying clothes, body doesn't fit
abandoned like an orphan.
So much talk the world gets drowned
in the oasis of itself, labial.
And footsteps which are footsteps
and will be till they lose themselves at last.
Where to put them?

II

Respecting my legitimate poverty
—landless, homeless
indigenous inhabitants
globalized indigents—
not without blame, convergent in rags,
overflowing façade, acute bas-relief,
holding a double lungful of smoke,
your body's featured as a buffet,
no other identity than your body,
no mountain, vale or meadow
of deep green grass silhouetted
more than your body's identity
offered in time of famine,
seen that way, covered with words,
tossed together, generalized trait,
body preceded by emissary caress.

Going on at last with identity:
your body's a table set
for mine, chair before table,
abandoned bank whose cash has flown.
We hoped for some commensal word
something in action like a phoenix

para cerrar de una vez el rehacerse.
el cierre que al subir te va cerrando.

III

Abedula, abedula del abedulerjo:
háblame. Déjame tocarte
en el hueco de esos árboles de pie.
Extraña la infancia en mi cabeza
de un verde oscuro que olía a Glostora.
Habrá un día que recuerden que hubo un día
que olía en la cabeza de un niño la Glostora
como si oliera en su casa. Recordar: Glostora.
Los adultos decimos Glosa,
los adultos cultos Glosolalia,
Europa practicó la glotofagia
decimonónica, la comelengua.

IV

Y era todo como por su casa,
todo de ese modo, de ningún
otro que asomara en el follaje*.
Los pericos, papagayos, loros verdes
ocuparon el espacio de la casa, ancho del habla.
La caudalosa, rebosante ola plegada en su crin:
habitación hablada de pericos.

*¿Andábamos desnudos?
No andábamos desnudos. En otro lado
—tal vez, nunca desnudos, en el sentido señalado arriba
de indigentes, la parte de la ropa por el todo de la vida—
digo textualmente: no andábamos desnudos. Mi padre trabajaba.
Selva es un concepto literario,
ninguna selva había, animal que sobreviene cerca.
Ahora está con Dante lejos de la infancia.
Todo lo cual quiere decir: techo,
protección, ausencia de pantera o hiena,
en síntesis: sin rastro de carroña.

to close off this do-over for once,
this zipper that as you zip it zips you up.

III

Sweet birch tree, sweet bitch of a birch:
talk to me, let me touch you
down in the hollow of your roots.
My childhood is strange in my head,
a dark green smelling of Worcestershire.
A day will come when we remember the day
when some kid's schnozz sniffed Worcestershire.
The whole house smelled of it. Remember Worcestershire.
Grownups say Worst Case Scenario.
Educated grownups say Case by Case Basis.
Europe ate words alive, tenses and cases.
Gobbled its own tongue in the nineteen-hundreds.

IV

And everything was just like home,
just that way, nothing else
peeping out of leafy branches.*
Parrots, *guacamayas*, green macaws
filled up the house, talking broadly.
Wave overflowing, spilling its white mane:
the whole room spoken by parrots.

* Did we go naked?
We did not go naked. Maybe sometimes
but not in the sense indicated above
of indigence, torn clothes life-long.
I state textually: we never went naked. My dad worked.
Jungle is a literary conceit,
there was no jungle with animals lurking.
Now my dad's with Dante far from childhood.
All of which means: a roof,
protection, no panthers, no hyenas,
in sum, no smell of carrion.

TANTO rodeo, lazo para estar en lo
habitable —casa con la palabra
sin miedo metida con su hocico olfatea el hueco
—huele a sin sentido, a meta
no lineal, no pineal, neoliberal a la bera
—abajo hay un abismo

¿vieron que sí? Esas plumas serán qué?
cáscaras, ecos de cóndor
que no se mancha en la operación

asesina, no él, avecinado en su grandeza—gran con dolor de montaña,
tanta cosa grande hay en él y tanta
cosa chica, sin sala, hay en él

de parto de montaña— «me friegan los cóndores»
quiere decir que
me friegan los cóndores, es todo, no la riegues
más con lluvia de interpretaciones,
garúa, llovizna o chaparrón,
nadie está lavando nada a la redonda,
hay un caracol sin coraza ni vista al mar ni nadie que lo vista

de ahí viene un ropero desnudo, sin alma,
del mar, pura ropa —como de santo— a secarse

menos pelícanos, albatros, alcatraces, gaviotas
y cormoranes = cormoranes

cormoranes con un peso de albatros en el vuelo
entrando en la espesura de un lenguaje por el hueco
de la cerradura, todos

los arriba nombrados más los cormoranes

Round and round the block to get to some
habitable house and word
without fear poking snout to sniff the hollow
—smells of meaninglessness, non-
linear, non-pineal objective, neoliberal bear
—a chasm below

did they see? what would those feathers?
shells, echoes of Condor
operation death-camp not sullied

next great-greatness to the mountain's pain,
huge holy thing in him and so much
pettiness, exitless, in him

to the mountain—"fuck the Condors"
which means precisely
fuck the Condors, that's all, don't sprinkle it
with drizzle of interpretation,
fine mist or downpour,
nobody's washing anything clean,
snail unseen without shell or view of the sea

comes a clothesline naked, soulless,
holy, from the sea—hang clothes to dry

pelicans, albatross, gannets and gulls
except for pelicans, albatross, gannets and gulls
and cormorants = cormorants

weigh cormorants as albatross in flight
entering density of language through a hollow
in the keyhole, everybody

named above plus cormorants

ningún nombre de ave
alcanza la estatura del sin pluma cuyos
—plumas anteriores ondulándose en lo hondo del abismo son
        suyas—
cocuyos suenan a bayas —y cormoranes:
ningún nombre de ave alcanza la estatura
no tienen estatura —son bajitos— suficiente
para deslizarse casi sin gravedad,
no tienen estatura suficiente —eso es moral,
esto es el cielo, aquello es una ética que vista
desde aquí los derrumba,
ni hablar de ello

que no existe más que aquí en este aire,
en este árbol de magníficos frutos —mangos,
plátanos, papaya, duraznos, peras —imaginarios,
que no hay de todo esto nada fuera de él,
natural nada, construído todo,
fuera naturaleza con su buey en la barranca

para tapar el hueco con el sol de un dedo,
una brizna de hierba, una pizca de sal
intermitentes los tres en montoncitos
sobre el derrumbamiento

finalmente la arena que se entendía suave para el pie
pero caliente. No habitable?
Avetabla pormantó canta contigo este canto amigo.

no bird's name
attains the stature of those featherless whose
—tail-feathers waving in the canyon wind—
shit smells like strawberries—and cormorants
no bird's name attains the stature
no stature—they're short—small enough
to slip away weightless—
fail to attain—this is moral,
that's the sky, and over there's an ethic which
demolishes them as seen from here,
don't mention it

nothing exists more than here in this air
this tree of magnificent fruit—mangos,
bananas, papayas, peaches, pears—all imaginary,
there's nothing outside this nothing,
nothing natural, all constructed,
nature goes down-canyon with the ox she rode in on

cover the hollow with sun of fingertip.
breeze on the grass, pinch of salt
pile of this, spoonful of that
over the earthquake

finally the sand, soft to bare foot
but hot. Habitable?
She sells sea-shells, sing this song with me

Caracol estás?
Caracol estás ahí?
Blindado de habla dime.
Cerradura que me hiciste mal,
oreja en el sur de gran prestigio,
cortada por el hombre pintor en un ataque
de Van Gogh, de hambre, de otro, qué decir
cortarse la oreja, qué quiere
cortarse sino afuera,
cortarse afuera el cortejo.
Todos están del otro lado
adonde nunca llego.
Interrogante para quien te piensa,
para quien te piensa en secreto,
orilla de arroyo para mi murmullo
que quiere recomenzar allá, fondo de libélulas,
origen del trompo, desde el pre—,
algo que dé pie que voy de nuevo,
revestido de pelo de lenguaje.
Estreno tordillo, antes tordo.
Amada, estás ahí?
Gran destinataria de la lírica, estás?
Interrogante que se quedó sola,
huérfana de arranque cuando cantó el gallo—
ahí está el día que empieza sin motor:
aurora sin ¿por qué? ¿por qué?—
bombilla de luz sin terminar, en fin,
ojo gigante para ver a Gulliver.

Ahí no es lo mismo que aquí,
caracol arrojado, hola, bien también
¿qué vienes a decir, tú?
arrojado del tiempo.

Arrojo palabras al abismo, acércate,
palos, latas, piedras

SNAIL, you there?
Snail, are you there?
Blinded of speech tell me.
Closed up you did me wrong,
ear to the south of great prestige,
cut by Van Gogh in a fit
of hunger, of something, what can you say,
cut your ear off, whatcha gonna do?
cut what's outside
away from the cortege.
Everybody's over there
where I never got to.
Question mark for whoever's thinking about you,
whoever secretly thinks about you
down by the creek for me a murmur
wants to begin there, down among dragonflies,
where the top starts spinning back in the pre-,
something to stand me up and get me going,
dressed again in fur of language.
Dapple-gray-day plumage.
Beloved, are you there?
Great recipient of lyric, you there?
Question-mark hanging back alone,
orphaned by jump-start at cock-crow—
this is the day that begins without an engine:
aurora without why and why,
endless lightbulb after all,
big eyes to see Gulliver.

It's not the same over there as here,
hurled snail, hi, well well,
what'd you come to say?
thrown out of time.

I hurl words into the hole, come closer,
sticks, stones, tin cans,

al silencio que finge que no es evidente
hay que arroparlo,
silencio pobre, silencio rico,
silencio puesto ahí para que desaparezca el tango,
SE ARROPAN ABISMOS con palabras, claro,
EL PRODUCTO SE OFRECE en voz baja.

Un día cruzó un caballo hacia acá desde ahí,
anca en el Renacimiento, cabeza en el Barroco,
un pinto a dos tiempos, descreído,
sin jinete. El humano no pasa,
polka de zapatones alrededor de Brasil.

Cita obligada con el tumbado de Eliot,
el humano no, el fénix no baja.

into pretended non-evident silence
gotta dress it up,
poor silence, rich silence,
BLACK HOLES DRESSED UP in words, for sure
ORDER NOW in a whisper.

One day a horse went by from here to there,
rump in the Renaissance, mane in the Baroque,
one pinto in two timeframes, unbelieved,
riderless. Human beings can't pass through,
tap-dance polka somewhere near Brazil.

Obligatory quote from Eliot's tombstone,
not human, the phoenix won't come down.

La noche se figura un no-Guevara,
se figura un 1967
pasadas las 12 a duras plumas-penas.
La disponibilidad del ganso que no está.
Una estampida de dioses ganados,
una estampida—errantes, ganados por la ausencia.
Abismados por nariz que voltea toda,
completa la cabeza,
un movimiento en el centro hacia el feto,
hacia el ombligo,
en el mito mismo así fue.

Va bajando, horizontal, su panza,
a esta hora es posible es capaz
de no ser rapaz, de rozar el pelado penacho
rojo de la cordillera
—una dilatada ausencia de noche quita a la noche «todo».
Para hacer lo que no se vio,
elevarse a una altura que se considera propia
porque lo propio es considerarse,
en la oscuridad sin luz, sin lámpara,
escribir sobre una página en blanco,
no sobre la que la cursiva inclina.
En la oscuridad con luz, silencio.
Se hace como que se rehiciera tan íntimo lo no visto:
atenerse al resplandor,
al tanteo, al tan-dios que significa porque significa.
Emerge lo que no ves que está ahí en caliente, quema
caliente como para en mano apache.
Lo que no ves se revela por el fuego
según la equivalencia española, citadina,
según la cita que conciertes con la lengua:
fuego = no-ver,
arde la palabra por hoguera alrededor —tiene ya tanto
que alguna brisa traería cenizas
pero es don, dádiva, es gracia, suerte

THE night configures a non-Che Guevara,
configures a 1967
past midnight scratching away with pen or quill
Gander feathers not available.
Stampede of conquered gods,
stampede of meteor gods, conquered by absence.
Led by the nose into the abyss,
heads turned
from core to fetus,
down to belly-button,
as it was in myth.

Going down, horizontal, gut-first
this time of night capacious
not rapacious, just grazing the shaved
wattle of the Andes—
dilated absence of night removes "all" night.
Redo the unseen,
lifted to its own horizon
what's own is worth consideration,
lightless in lampless dark,
writing on a blank page,
not where cursive slants.
Lightful darkness, silence.
Pretend to redo the intimate unseen
stuck on splendor,
groping for the god that means what it means.
What's unseen emerges burning
like a hot potato in a Navajo's hand.
What's unseen reveals by fire
according to an urban equivalent in Spanish
according to tongue-fashioned appointments:
fire = unseen.
the word burns wildfire—any breeze
will bring the taste of ash
but it's gift, luck, fate, grace

arder sin incinerarse, dicen —
«y por tu bella poesía», dijo Jussara.
¿Bella? Habría que ver.

Esto de parte del gallo:
corregir mañana toda imprecisión,
toda parte de la noche pasada a la mañana,
lo que aparece tan claro y anoche era invisible.

El peligro, ahora, es el siguiente:
lo nuevo de todo esto es lo viejo de todo aquello,
escucha el curso, el rumor que se tiende en la campaña,
mira bien lo que te digo.
No prendas la luz para que se entienda.

Oscuro es lo encerrado que inunda de secreto
un afuera que se vuelve —como si de cabeza se hablara—
secreto. Hay una noche entera inundada de secreto
entre otras—como si de eso se tratara, no se tratara.

Silencio es lo que corresponde
a ese momento preciso, cuando la página,
amo esa blancura —esto ya empieza a tomar forma
cuando el blanco —ahora se explica— se revela como el amo que es.

El silencio es un clásico.
Es clásico dividir al pájaro en una parte vuelo y una canto.

burn without being consumed, they say—
"And your lovely poetry," Jussara said.
Lovely? We'll see.

This is the rooster's song:
correct dawn's imprecision,
the whole night passing to dawn,
what shines so clear was invisible last night.

The danger, now, is the following:
what's new about this is what's old about that,
listen to the flow, to the whisper in the ranks,
look well at what I tell you.
Don't turn on the light to be understood.

Dark is the closure secretly flooding
an outside which turns—speaking from the head—
secret. A whole night flooded with one secret
among many, as if it were about that, it ain't.

Silence is appropriate
to this precise moment when the page—
I love that blank—begins to take form,
when the blankness reveals its mastery.

The silence is a classic.
Classic to split the bird into flight and song.

Un relajamiento-gato, una crispación,
un gallo, una ola.
Pero un relajamiento-gato,
un des-pe-re-za-mien-to
sin desesperanza ni esperanza,
continuidad contingente
—avanzan las formas-de-gato,
uñas de gato,
hierbagato—
en el aire rumbo a tocar un cuerpo,
se quiera o no se quiera lo tocado
—el poema al acecho viola la malla
con la punta de gato que le toca en suerte,
del fragmento, la embestida quieta.

CAT relaxing, contracting,
a rooster, a wave.
Cat-relaxation,
s-t-r-e-t-c-h-i-n-g
neither hopeful nor desperate,
contingent continuity—
cat-shapes advance,
cat's claw,
cat of grass—
in the air toward a body
whether or not that person wants it,
the stalking poem rips the curtain,
cat-points grabbing at anything,
fragments, quiet ambush.

MITOPOÉTICA personal:
capacidad autorreflexiva de
incorporarse a un cuerpo mayor
algo así como un rastreo arriba,
cosmohuella cuesta arriba, búsqueda
arriba de las partes del cuerpo de Tupac
Amaru —levantarse del cuerpo a una altura
más humilde que la aurora, tetas y pezones
de las tetas de la aurora, mordidos—
Para insertarse en un ámbito distinto
al de las ratas de la realidad impuesta
por una especie de manada-mentir, orden de «hazlo»,
salvoconducto en la cuadra del Estable,
caballo no está.
Una subjetividad, en suma,
que agrega nombres propios, acto, manzanas.

PERSONAL mythopoetics:
autoreflexive capacity to
join up with some larger body
something like searching on high
for cosmic uphill footprints, looking
on high for the parts of Tupac
Amaru's body—lifting up out of body
to a height humbler than dawn, tits
and nipples of tits of dawn, bitten—
Insert oneself into a setting other
than that imposed by rats of reality
by lying commands, orders of "do it,"
safe passage in the stable squad,
the horse is gone.
Subjective, after all,
put in proper names, actions, apples.

No ES difícil hacer tuyo el deseo del otro:
este es el momento de la complacencia,
gustarse, ser gustado, quererse, ser querido
sin el rojo arrebato del pudor,
crepúsculo, grupúsculo romántico,
vistazo al horizonte en bruto,
ahora con el arrebato de imponer, violáceo.
Difícil es hacer tu deseo suyo
sin jugar sucio. Eso no quiere decir revolución,
octubre, tablas con las urbes,
toda la leche a la aurora, usa las manos,
encandila al balido nocturno que resbala
en una acción solitaria, inunda el campo.
Ternura hacia el ternero en la mirada de la vaca.
No hay acción dada, en la imagen, de antemano.
Toda la carne al asador. Esto es calle,
no imposición, cierre la boca, súbase
el cierre, ojo a la boca calle, a la Cherokee,
ningún usted a la redonda, palabra que transita
no se ensimisma, elude un abedul, dos,
habla exterior que no limita efecto
ni con Estados Unidos —ya es decir—
segunda, tercera, cuarta o quinta
hablas generalmente por debajo
—¿hablas o capas invisibles
de un poema geológico que escribe
la corteza en su reubicación, la tierra en su acomodo
sin saber que es un poema, o sin serlo, lisa y llana?—
aunque se diga, forma del habla-piel, superficial.
Pude en ambos casos querer decir amor.
Interfiere la conciencia de tocar
una cuerda, una piel instrumental
fundamental: le dieron piel a la conciencia,
archipiélago. Ahí va la piel en pie de reflexión
que ahora piensa por primera, por segunda
vez el mundo que nunca corresponde.
Una flor con el me quiere–no me quiere
por la calle pétalo tras pétalo,
misisipí balsa arriba Huck Finn.

NOT hard to make another's desire your own
in complacent moments of love,
liking, being liked, loving, being loved
without ripped scarlet of innocence,
twilight, groping romantically,
horizon seen raw,
ripped off by power, violet.
Hard to make your desire her own
without playing dirty. I don't mean revolution,
Red October, udders on parade,
milking at dawn, use your hands,
dazzle night's slippery bleating
in solitary action, flood the fields.
The calf is tender in the cow's eyes.
No given action, imaged beforehand.
Meat on the grill. That's the street,
no imposition, shut your trap, zip
your pants, watch cul-de-sac for SUVs,
no strangers on hand, transmitted words
put you to sleep, elude a birch or two,
foreign language doesn't take effect
even in the US—that's a saying—
second, third, fourth or fifth hand
talking generally from underground
you talking to me in invisible
layers of a geological poem written
by writhing bark, earth shifting
not knowing what a poem is, not one, plain and simple?
like they say, skin-deep, superficial talk.
You could mean love in either case.
Consciousness interferes, playing
a chord, an instrumental skin
that's fundamental: clothing consciousness
in skin, in gulag. Skin goes barefoot reflecting,
thinking for first time, second-hand
world which never corresponds.
Flower of she loves me, loves me not
petal by petal down the street.
Huck Finn upriver on a raft.

RACIMOS en Africa, racimos en Madrid
racimos en Berlín, pura cosecha
desparramadas en Latinoamérica, uvas
rosadas, verdes, negras, canicas
perro y aquí
perro que no faltó
desde que estuvo rabioso, suelto
saltó sobre la piel azul el perro verde
perro de ver al hombre, doberman
¿quién lo puso ahí
para que nos viera, perro para ver
cómo te mueves, rata?
espuma en el hocico de cambio fonético
espuma en la letra que muda de posición
reacia —es a la palabra lo que la palabra al cambio
en la frase, en el decir, en la oración
sobre las mesas, en los vasos, por los caminos con polvo
en los empleos imposibles, a la puerta
garras de adentro hacia fuera

desgarran golpes a la ecuatoriana joven

BUNCHES of grapes in Africa, bunches in Madrid,
bunches of grapes in Berlin, pure harvest
from all over Latin America, grapes,
red ones, green ones, black, marbles
here comes the dog
just what we needed, the dog
it's always a dog
doberman at stranger,
who let the dogs out?
who set them to watch us,
watchdogs
watching us rats scurry?
foaming at the mouth, phonetic dog
foam on letters changing places
reluctant to word as word to shift
in the sentence, saying, prayer
over bar-tables, on dusty roads
impossible jobs, being shown the door
inner claws coming out

tore apart a young woman from Ecuador

El camino Ullán

la carretera de Toluca–Valle de Bravo bordeada de sauces
sauce del bueno, del llorón, a la salida de la ciudad
ahí donde parece faltar el verbo
no falta el verbo, está en el aire
no es el aire, es la lluvia que modula la acción
intensa cuando llueve sobre el campo
huele a conocido, brota de abajo
lo que se coce desde antiguo, parco, encima para caer
huele a recóndito, hondo, escondido donde la lluvia
campo lluvioso
olor donde ninguna fecha pastorea, ningún lugar tan fuerte
salvo el sauce
después de tanto campo al principio
viene todo el bosque de pinos que se pueda colocar en la imaginación
la imaginación, ambos lados de la carretera
la fuerza protectora del pino es la misma que emana de la lluvia
sólo que el pino no cae, rodea aún frontal, pieza única
más presencia le otorga el verde oscuro
lado a lado inmortal de árbol sin hojas
más que árbol, unidad, individuo bordeando el sujeto
la lluvia no, los pinos modulan la acción

señales indican que la obra tiende a borrar su origen, afirmarlo
cuando lo borra
borra al fondo de la taza, lodo marrón oscuro
cuando se acabó el café
un barro, una mancha en el origen sigue a la obra por su destino
por delante lo imprevisible, la hondonada del valle
destino fijo no hay, su tarea de hacerse es todo el tiempo
bajando palomas a la plaza
bajando el cuerpo sobre el otro cuerpo al que penetra
ungüento y alrededores
el vino, los platos, la excitación
una mujer cerca de los cincuenta se entrega a su deseo, nadie
arde así, ni bosque enroscado en su centro, ni casa con libros del
Fondo

The Ullán Road

Toluca–Valle de Bravo road, edged by willows
weeping willow, nice, just where you leave the city
in the air, no verb is lacking
not wind but rain gives the beat to action
smells familiar, roots upward
what's cooking, enigmatic, high to fall
smells hidden, deep, recondite rain
flooded fields
odor where no calendar grazes, no collocation
except willow
so many fields start out with
pine forest located in imagination,
both sides of the ROAD, imagination,
pines' protective power emanates from rain
pines stand tall, stride forward like the Queen
to whom dark green lends more presence
side by immortal side with leafless trees
more than trees, unities, individual subjective bounds
pines, not rain, give the beat to action

signs say work erases origin, affirms it
as it erases
erases dregs, umber silt
no more coffee
stained clay of origin follows work to fate
ahead unforeseeable, gulf of valley
going nowhere, make it all the time
pigeons alight on plaza
another body next to mine I penetrate

unguents all around
turned on, wine and dinner,
a woman of 50 who surrenders to desire, no one
burns like her, no encysted incrusted forest
no house overflowing with volumes
of poetry published by Fondo de Cultura

en la jerga actual, la del habla, no la del suelo
todo se simplifica: no hay obra
ese punto que se fija, momentáneo, inquieto por el tiempo
no se pone en movimiento por el tiempo, a través hasta encontrarte a ti
él mañana, ella mañana, lado a lado tal vez la pasión de leer
cae al abismo del amor, no a la página, debido a ella

leer bebe del otro
esta jerga actual
habla, no suelo
fija, no se pone en movimiento, se dispersa en haces

actual slang, how we talk, not so refined,
everything simplifies: we don't talk about "my work,"
momentary Polaris, worried about time,
not hurried by time, crossing till I find you,
him today, her tomorrow, side by side reading maybe
falling, chasm of love, not the page, it's her fault

reading's thirsty for someone else
actual talk
talk, don't simper
look, don't be in a hurry
pay attention, don't hurry, all goes blurry

Sexto camino Ullán

domingo, abre
la voz la caverna —sus puertas— al público
turística estadounidense, rosa de dos tiempos, sangre contenida
los japoneses, cielo de un tiempo sobre un plano fijo, azul cruel
las estalactitas vueltas de cabeza, cristal de agua que no cae

eso de inmediato, hay más que sacar de la voz si cavas en la voz
no sacar de la voz si no cavas en la voz, la dejas en oculta
medianoche a campo abierto, luna sobre esqueleto de vaca
a un prestigio tan antiguo que llega al principio de apariencia
no corresponde el boqueo
el principio del boqueo
la aspiración, el arrastre
de aspiración a la continuidad
la boca que se abre un domingo para que la voz muestre su tiempo
abierta la boca, suelta la voz
ahí la voz, que anda suelta
voz capaz de claros superyós cayendo sobre un pueblo que la escucha
caso Zitarrosa
la voz no puede más que guardar su memoria sin tiempo tallada a destajo
a tajos de presente, omnipresente
hambre, sed
sida, cáncer, Chávez
—infinito relato por salvar a Scherezade—
Obama, por el momento más amado que Lezama
—esta es su hora, quién sabe cuándo la hora sin hora de Lezama
Lima
inca
sin recuerdo fuera de cultura, dentro de fronteras
ocupado su lugar por el rezo, por el tiro de gracia
el añejo *que todo arda*, arda la ira, arda el alma en harapos de seda
enjugarte las lágrimas mejor que jugarte la vida
alma de seda en cuerpo de arpillera
lo demás, alpargata

Sixth Ullán Road

The cave opens its voice
—its doors—on Sunday to the public
Yankee tourists, two-time rose, blood held back
Japanese, one-time sky on a fixed plane, cruel blue
stalactites standing on head, crystallized unfalling water

right away, you get more out of your voice if you dig into your voice
get nothing from your voice without digging into it, leave it hidden
midnight in open field, moonlight on cow's skeleton
trick so old it goes to root of appearances
mouth gaping
inhale, dragging
inhale to continuity
mouth opens one Sunday your voice reveals its time
mouth open, your voice gets loose
voice capable of clear superegos descends on a listening nation
take the Uruguayan singer Alfredo Zitarrosa
all voice can do is hold to timeless memory carved by slashes
slashes of omnipresent present
AIDS, cancer, Hugo Chávez
infinite story to save Scheherazade
Obama, more popular at the moment than Lezama
—his moment, who knows the timeless moment of Lezama
Lima
Inca
lost in memory ripped from culture within borders
place taken by prayer, by coup de grace
what's archaic *burns everything,* burns with rage, soul
                         burns in silken rags
better to wipe your tears than bet your life
silken soul in woman's body, weaving
everything else is bandanas

Décimo camino Ullán

los que viven por sus manos/ y los ricos
                    Manrique

los que viven de la venta en la calle
empujan carros de dos ruedas
compran metales, ropa, cosas que vendan
al grito de «¡cosas que vendan!»
cosas que tú quieras tirar —se las terminas regalando
vivir del reciclaje no se enclaustra

unos niños desayunan en la escuela
en sus casas no hay qué desayunar
no pueden desayunar por el cierre temporal de las escuelas

los que venden periódicos en la esquina
La Jornada, El Universal, Reforma
los tres dignos de mencionar en el reino de la mentira
mi amigo Salvador me vende *La Jornada*
en el reino del ocultamiento donde hay mucho que ocultar
que cada vez menos

lo que han hecho de la información en este reino
sólo es comparable a lo que han hecho del humano
en el reino de los cie (gos) los
murciélagos cuelgan de la gran realidad
ocultar, restar, postergar, pervertir
vertido en los oídos del cautivo
por cadena
cauterizado, sellado el ver —ella ve, tú ves, yo veo

no-no-no-no-no-no-no: esa cadena, cola de nos
calor completo, no llueve
fantasía de que una gran lluvia limpiaría

en cuarenta enclaustrado se oculta la presencia
luego se oculta el claustro
luego nadie sabe dónde está

Tenth Ullán Road

Those who work with their hands/ and the rich
Manrique

those who live on what they sell in the street
push wheelbarrows
buy metal, old clothes, sell things
cry "Things for sale!"
stuff you throw away—end up giving away
salvage recycling is no white-collar gig

kids eat breakfast at school
nothing to eat at home
schools shut down for the flu quarantine,
    what they gonna eat

those who sell newspapers on the corner
La Jornada, El Universal, Reforma
three worthy of mention in the kingdom of lies
my pal Salvador sells me *La Jornada*
in the realm of cover-up there's plenty to cover
less and less each day

what they've done with information in that realm
only comparable to what they've done with human beings
in the realm of the blind
bats hang from great reality
cover-up, lie, procrastination, perversion
pour into captive ears
like chains
cauterize, seal deal, see no evil

no-no-no-no-no-no-no, that chain, that queue
hot days, no rain
my fantasy a great rain would clean

quarantine, hidden, presence shut away
cover up the quarantine
nobody knows where

viene al caso: una de las medidas de prevención
lavarse las manos muy seguido
fundamental para evitar el contagio puede que mortal
de la mezcla humano-porcino-aviar
no siempre es posible
no siempre hay un grifo, una llave, una canilla cerca
qué hacen *los que viven por sus manos*
tiempo del contagio por las manos
los que viven por sus manos en el tiempo del contagio por las manos

rico, el trobar ric, el trobar clus también es rico

in this case one means of prevention
to wash your hands very frequently
fundamental to avoid possibly lethal contagion
of swine-bird-human flu
not always possible
not always a tap, a sink, a hose at hand
those who work with their hands, what will they do
time of contagion by hands
those who work with their hands in time of contagion by hands

rich, the troubadours Ric and Clus are rich as well

Décimo noveno camino Ullán

eso mismo, parteaguas
cabeza de chancho
puesta en bandeja para los viejos
comensales que nos comen otra vez
capital y biopolítica
control por el terror
del cuerpo, de la acción del cuerpo
en el espacio, en otro cuerpo espacial
con sal, con limón
nosotros nos dejamos, alondras Ventadorn
caer—
        comer
con gusto-regusto final
cobre de acabose el mundo

mientras levantamos poemas-tablas de salvación

ese es el concepto
no cualquier alondra, la célebre
historia literaria del poema-alondra
el estandarte contra la peste
página viva de la alondra. Ella entra por el aro
de la boca, acabose
canto fino en boca de chancho total
giro actual del capital-chancho, goloso, grueso y rosa
come canto, come alondra, come poema, come hombre

frío, sin tragedia
cubo de hielo en la fragua global

se pierden algunas plumas en el acto de la devoración

Nineteenth Ullán Road

there you are, parting of waters
pig's head
on the groaning board for the old
diners who dine on us once more
capital and biopolitics
control by terror
of the body, the body's action
in space, in another spatial body
with salt and lemon
we're lost, troubadour larks
falling from Heaven's gate
                devoured
with a satisfied belch
check please, the world's ending

while we raise up poems—planks floating on open ocean

that's the idea,
not just any lark, the famous
literary history of the sonnet-lark
banner against the plague
living page of the lark, leaping through the hoop
of the mouth, the song
ends in the mouth of the cosmic pig
actual circulation of capital pig, greedy, fat and pink
eats song, eats lark, eats poem, eats humanity

cold, no sense of tragedy
ice-cube in global furnace

a few feathers lost in the act of devouring

Vigésimo quinto camino Ullán

anduve girando desde que el Pepe cayó en junio del 73
no había mucho espacio donde meterse
caí yo en una ratonera el día en que se llevaron a mi hermana
Margarita cuidaba a Guillermo y Alicia, cuatro y seis años
se habían montado la ratonera en lo de mi hermana
cinco sentados en el sillón grande en la sala ya habían caído
toqué a las cinco de la mañana el timbre en su casa de Legrand
venía de ver al viejo en el cuartel de Tacuarembó
de inmediato se abrió un centímetro la puerta cruzada por un caño

la lírica de ahora se hace así: dato concreto, exteriores
bombardea Wani el ejército de Sri Lanka, cien niños muertos
cataclismos socio-climáticos puntuales, terremoto en Shocuin
grano por grano sobre la palma abierta
níqueles que contaba cuando niño para llegar al peso
peso triunfal canta con su penacho, en mi memoria con su penacho
lírica del níquel: lo que se pueda contar con la mano abierta
el derrumbe de la fachada plateada del edificio Santa Fe, no ocurrido
lírica de la certidumbre del dato: derrumbe, edificio
dirección de mi casa explicada por teléfono: «Suchil 100, sin interiores»

caer es un verbo que siempre está presente, caiga o no caiga
el susodicho, la susodicha, sus parientes cercanos, lejanos
en el proceso lento de animalización, vaho de puerto
surcado de gaviotas, muy del sur
las langostas llamaban a sus trampas «ratoneras»
tu niñez ya fábula de fuentes
uno repetía la palabra al modo del ratón
insólito lo hecho con palabras durante la excepción
insólito lo que las palabras dejan hacerse, insólito el sol
insólito el jilguero jode-jode-nada-ocurre— a la luz
era verano, era primavera, era invierno
otoño no era
insólito el canto de los pajaritos de Uruguay en dictadura, solitos

la cuestión de la langosta es real, caían
no por verdes, por encima, por arrase

Twenty-Fifth Ullán Road

I was disoriented after Pepe got busted in June '73
there was nowhere to go
I was caught in a trap the day they took my sister away
Margarita was caring for Guillermo, 6, and Alicia, 4
they used my sister to bait the trap for me
five cops on the big sofa in the living room it was already over
at five AM I rang the doorbell of her house on Legrand
on my way back from visiting our dad in Tacuarembo Prison
the door opened right away: yellow crime-scene tape

that's contemporary lyric poetry: concrete data, exterior shots
the Sri Lankan army shelled Wani, a hundred kids dead
socioclimactic cataclysms at 11, earthquake in Shokuin
grain by grain on the open palm
nickels I counted as a kid to make one peso
money triumphant with feathered crest in memory
lyrical nickel: count with open hand
collapse of silver facade of Santa Fe building, never happened
lyric of actual fact: collapse of building
explaining my address on phone: Suchil 100, no apartment number

fall a verb always in present tense, to fall, not to fall
aforesaid man or woman, his or her near or distant relatives
slow process of animalization, harbor fog
plowed by seagulls, Southern Cone,
lobsters call their traps "mouse traps"
childhood still fabricating origins
repeat words like a mouse
amazing what's made with words, exception
amazing what words allow to be made, amazing sun
finch amazing potty-potty-nothing-screwy at the light
summer, spring, winter
not fall
amazing bird-song in Uruguay under the dictatorship

the lobster raises a real question, they bought it
not green, from above, devastation

millares militares arrasan la cosecha humana, hechos
son hechos, los mejores: poesía, filosofía, teatro
los locus, distintos modos de articular el habla, el gesto
eran devorados, migas de pan, brotes, frutos incipientes
higos que amagan en la higuera, fetos verdes
son fetos verdes, títeres callejeros también
ahí en los locutorios de hablar, de lamentar
tierra blanca, pelada luego que la langosta levanta vuelo
provisorio vuelo, las locas de pronunciación inglesa
se meten en los locutorios donde el seguido se confiesa
así no hay semilla que fecunde, abierta la desolación
viene el vacío con su falta completa, blanco mate
tierra marrón con terrones ahora blanca sin terrones
penitente, blanco sol
el terror se derrumba
sólo en un café el terrón de azúcar se disuelve en el pocillo de café

memorias coyunturales, nada eterno
presente que no canta el instante, canta el registro
nadie sabe cuando viene la coyuntura dolida, nuevo requiebro
la luna nueva quebrada arriba
ella sí quebrada armoniosamente en tai-chi

thousands of soldiers eradicate human harvest, facts
are facts, the best: poetry, philosophy, theatre
focus, ways to articulate speech and gesture
devoured, bread crumbs, incipient fruit
figs rotting on the tree, green fetuses
are green fetuses, street puppets also
there in labyrinths of speech, lament
white earth, shaved when the lobster took wing
provisional wing, crazy English pronunciation
in confessional the victim confesses
no seed takes root in desolation
void of complete lack, white tea
brown earth with clods now white without clods
white penitent sun
terror does not fall
only in a café the sugar-clod dissolves in coffee

juxtaposed memories, nothing eternal
present when the moment cannot sing, the ledger sings
no one knows when the painful crux may come, new flirtation
broken new moon above
broken harmoniously in tai-chi

Motor del camino

el gran motor que baña la tierra
hace aparecer por su levante cosas
de manera que avanza y multiplica
las cosas por millares, una hoja sus millares
verdes y algún blanco, un gris

su membrillo en medio del aire, sumido
los miembros sabios de la comunidad que fue
despiertos, desperezados hasta el cuerpo que se activa
según lo recorre lo que al árbol savia —tanta
sangre caída que retorna a membrillo, amén de otras
granadas, por así decir, sobrada, fuera de cuerpo, quicio
despedazado el cuerpo de Tupac sólo el mito lo reintegra
de los cuatro caballos se perdió la pista
esa tierra no ha vuelto a ser pisada por las palmas del vino
quiere decir que no se ha presentado, nuevo

bañada sí por el motor que prende siempre, mundo vuelto escarabajo
sol, que toca y que no toca, qué más da

sin que signifique que estuvo sucia alguna vez, siendo la misma

Engine of the Road

the great engine that bathes the earth
in its rising makes things appear
so that millions and millions of things
advance and multiply, one leaf of millions
green and a few white, one gray

membrane in mid-air summed-up
wise members of the community who were
awake, shaken bodily up according
to the course the wise sap knows—so much
fallen blood returning to the fruit, plum and
pomegranate, say, wasted, out of body and mind
quartered the body of Tupac Amaru
only myth will rejoin his limbs—
nobody knows where the four horses
who pulled the rebel Inca apart have got to—
this earth untrodden by the palms of wine
which only means it ain't happened, new

yes, bathed by the ever-running engine, scarab world
sun, touching, not touching, what more you want

which doesn't mean the earth was filthy once, the same

ENTRE, lo que cuenta —lo que narra en realidad
corto, amplio en cambio, suelto vuelto de gaviotas
puerto a buen recaudo de tormenta, Montevideo
en cambio el cuento corto se abre hacia el mar
el cuento —el de arriba— al «érase una vez»:
'Nos han dado la tierra', 'La noche boca arriba', 'El hombre'
hay muchos 'El hombre', padres felices, hijos tristes
'Nos han dado la tierra' no queda, salvo el original
que aquí se menciona —en la extrema izquierda arriba—
menos 'La noche boca arriba': hay que verla más arriba, sin dioses

entre aquí y allá el Atlántico, silencio de palabra

BETWEEN what counts—a story narrated by reality
short or long story, flight of gulls loosed
above the harbor shelter from storm, Montevideo
where a short story opens toward ocean
a story—up there—begins "Once upon a time":
"They gave us the land," "The night face up," "The Man"
A lot of them start with "The Man," happy dads, sad sons
Not much "The earth was ours" except the original
I mention here—up there on the far left—
still less "The night looks up," farther up, without gods

Atlantic between here and there, silence of words

NUNCA estamos solos como creemos
a pie juntillas, tal vez no, a pocos pasos
puesto por el medio algún Pacífico
Tibet con tubitos de cristal soplado —ese viento
la vida pone compañeros
¿no estamos solos quiénes? ¿nosotros?
nosotros no estamos solos, nosotros ustedes
acompañantes, por lo pronto, en tránsito
siempre del cordón a lo acordado, nada
allí donde han ido mis amigos, últimos poetas
en primer lugar José-Miguel, Salvador Puig
tantos lugares para desaparecer y aparecer
perdurar de una rama de hojas verdes

WE WERE never so alone as we believed
our feet met, maybe not, just a few steps
with half the blue Pacific in between
Tibet with its blown glass—that wind
blowing out of life, comrades
who's not alone? us?
we're not alone, we all of you
making our way, right now, in transit
always egregiously agreed on, not much
there where my friends went, the last poets
José-Miguel first of all, Salvador Puig
so many places to disappear and appear
surviving in greenleaf branches

EL QUE VA con Alejandro a la derecha
sentado, acompañante del piloto
escucha una y otra vez 'Sweet child of mine'
imagino —soy el que va— todo este tránsito
visto de arriba, hormigas en su huelga
paro al borde del hormiguero negro, insólito
necesaria, calma por clavo, justa huelga
lo perdido —robado— de Chicago hasta la fecha
días duros los días del saqueo

hasta la fecha cuál sino la de hoy jueves
28 de mayo del 2009, 10 de la mañana
entre nublado y brisa fresca, tal vez llueva de noche
si cambia el viento huele un poco antes
la lluvia de caer

THIS guy driving with Alejandro riding shotgun,
listening over and over to *Sweet Child of Mine,*
imagining—I'm that guy—all this traffic
seen from above, ants on picket line
stuck at the edge of inordinate anthill
hammer it home, on strike, shut it down
we wuz robbed by the Chicago School
hard days now, days of pillage

what's today Thursday I'm up to date
partly cloudy, light wind, 60% chance of rain
you smell the change on the wind just before
the rain starts falling

¿POR QUÉ no dices que no estoy?
te doy mi estar para que lo uses
no dices que no estoy cuando me buscan por teléfono
entre tanto despierto de ojos fijos
uruguayos antes, ahora mexicanos
necesito cerrar los ojos

nunca fue tan necesario ladrar a la luna
hacer de lobo, hacer de coyote
deambular en círculo como ambos
se abre un hoyo de vértigo en el pecho del fantasma
es el pecho del fantasma del padre
un viento, viento del sur, silba en el medio

deambular en círculo hace las veces de la vara
la misma vara con la que nunca escribió
sobre la arena del desierto
nunca hubo esa escritura prestigiosa que atraviesa el tiempo
enigmática, hubo humo
espirales de humo
alondras

una lata no es menos que una rosa
una Coca al costado de la flor absorbe plusvalía
rojo de tus labios, rojo del tiempo de la sangre
del tiempo de las heridas de guerra

la soledad es única y cada vez
hai-cai, nunca un cadáver
aquí hay un rastro de mi amigo

absoluto, necesito retrucar
al carcelero retrucar, hervor siervo
el valor de un vaso de caña ardiente, añeja
—sobre el mantel del abaratamiento, una baraja española—
contra flor al resto

WHY tell them I'm here?
I'll give you my being here if you can use it
don't say I'm here when the call's for me
against so many wakened glances—
Uruguayan once, Mexican now—
gotta close my eyes

it's high time to howl at the moon
make like a wolf or a coyote
prowl in circles like a wild dog
open a dizzy hole in the ghost's chest
in the chest of the father's ghost
south wind whistling through

prowl in circles, counting with a stick
the same stick my father never wrote with
in desert sand
never majestic writing transcending time
only smoke, enigmatic
spirals of smoke
birds' wings

a tin can is no less than a rose
a Coke next to the flower takes on surplus value
red of your lips, of bloody days
days of the wounds of war

solitude's unique every time
never a dead body, hari-kari
here's my pal's footprint

absolutely gotta refute
the prison warden, we won't eat this slop

the value of a glass of burning rum, aged in oak—
on the cheap tablecloth, a deck of cards—
what's left against flowers

ESE ORNAMENTO, ese arte, ese momento eterno
su arte poético-no poético, piramidal
no experimento, reposado tequila reposado

agave dios
ave amaestrada
del paraíso de corral
arte sin afecto, artefacto

destilerías añejas, grandes barriles de madera
destilado, lo mejor, del alma
convertido en lo perfecto: el alma destilada
ni el hijo más pequeño se abraza a esa alma

fruta podrida baja a la garganta
durazno, manzana, pera
como con los artistas el mediodía del sábado
un burócrata ofrece buen dinero
hay que interpretar la actualidad del monumento
ruina, pirámide, estatuaria
la crisis es brutal en realidad
un cuchillo debajo de la túnica
cresta de gallo altivo, oropéndola incrustada en el ombligo
un caballo da una vuelta alrededor
crisis tan tenue, civilizada en estadísticas de prensa
un velo flota sobre una ondulada brisa leve
hueso que se revela
brillas los ojos de los artistas plásticos al ritmo de la oferta
sobrevivir a toda costa, nadador
capaces, no capaces, de igual caparazón

pinos independientes, arriba
pinos punta al cielo, hirientes
verdes, declinados, independientes, verdes
forma de las tiendas de los indígenas nómadas
precarias «levanto y me voy»
indígenas independientes, en su lugar, pinos

ORNAMENT, art, eternal moment
unpoetic poetic art, pyramidal
non-experimental, aged tequila aging

god of agave
tame bird
of paradise in corral
art without affect, artifact

distilleries, aged in great wooden barrels
distilled, best of soul
perfected: soul distilled
not even the smallest child can hug that soul

rotten fruit down throat
peach, apple, pear
like an artist at noon Saturday
bureaucrats make good money
interpret actuality of monuments
ruins, pyramids, statuary
the crisis is truly brutal
knife under tunic
haughty rooster comb, bright bird in bellybutton
horse prancing around
crisis attenuated by media statistics
sail floats on a rippling breeze
reveals the bone
sculptor's eyes gleam to rhythm of sacrifice
survive at any cost, swim
if you know how, you don't, in your turtle-shell

pines stand proud up high
pines wound the sky
green, arching, independent, green
shaped like tepees
pick your home up and move it
pines where there used to be Indians

durante una crisis no moverse, el consejo
el cosmos muestra un desequilibrio de circo
quedarse fijo, conejo ante los focos
vaso vaciado de líquido

contradicción, opuesto, sol del otro lado
supermercado puesto de mañana, de noche depuesto
supermercado en la selva, Caracas
fines de agosto del 79
fue lo que ví cuando pasé hacia México
agua de Escocia para beber escocés, casa por la ventana
días de Carlos Andrés
después Carlos Andrés por la ventana
las interesantes elites intelectuales, el brillo de sus élitros

una estrofa con fecha, nombres propios
pone penacho donde había
aureola única, tiempo del penacho

don't make a move in a crisis, wise advice
the universe is tilting like a circus
fixed, deer in the headlights
empty glass

opposed, contradiction, sun against us
supermarket stocked by day, empty at night
supermarket in jungle, Caracas
August '79
what I saw on my way to Mexico
distilled water to drink scotch, baby with bathwater
when Carlos Andrés was born
Carlos Andrés with the bathwater
interesting intellectual elites, buzzing antennae

dated stanza, proper names
crest of feathers where was only
aura, time of feather-crest

DÍAS de crisis, hacer planas
ejercitar la mano por si hay que golpear
con el puño el aire, con el aire el puño
vaciados los bolsillos, salvo las llaves
«a los demás salen caros tus ejercicios estéticos
respiratorios-estéticos
espirituales-respiratorios-estéticos
no tienen por qué pagar los platos rotos»

no me gusta lo de los «platos rotos»
señalan la ausencia que viene
circular insuficiencia de comida
de comida, demás insuficiencia
trompo sufí del plato a la esfera

DAYS of crisis, smooth it plain
exercise the hand in case of need to punch
fist at air and air at fist
pockets empty except for keys
some might find your aesthetic exercise difficult
your breathing-aesthetic
spiritual-breathing-aesthetic
"can't make an omelet without breaking eggs"

don't like that bit about "breaking eggs"
point to the coming lack of
cyclical insufficiency of food
of food, other insufficiencies
Sufi top spun from plane to sphere

Notes

p.7   Saint John of the Cross (1542–1591) Spanish poet and mystic.

p.7   Nicanor Parra (1914–) Chilean poet, 2011 Cervantes laureate.

p.81   Haroldo de Campos (1929–2003) was Brazilian poet, critic, and translator.

p.85   (Carlos) Martínez Rivas (1924–1998) was a Nicaraguan poet.

p.85   Rubén Darío (1867–1916) was a Nicaraguan poet and writer, father of the *Modernista* movement.

p.89   Felisberto Hernández (1902–1964) was an Uruguayan writer.

p.89   José Gervasio Artigas (1764–1850) is the father of Uruguayan independence.

p.115 Jose-Miguel Ullán (1944–2009) was a Spanish poet.

p.119 Alfredo Zitarrosa (1936–1989) was an Uruguayan composer, singer, and poet.

p.119 (José) Lezama (Lima) (1910–1976) was a Cuban poet and writer who is among the most influential in Latin American literature.

p.121 Jorge Manrique (1440–1479) was a Spanish poet.

p.121 *La Jornada, El Universal, Reforma* are three contemporary Mexican news papers.

p.131 Tupac Amaru (d.1572) was the last leader of the Inca empire.

p.133 'They gave us the land' and 'The Man' are two short stories by Mexican writer Juan Rulfo (1917–1986). 'The night face up' is a short story by Argentinean writer Julio Cortázar (1914–1984).

p.135 Salvador Puig (1939–2009) was an Uruguayan poet.

Contributors to this volume

Patrick Madden lived three-and-a-half years in Uruguay, which allowed him to spend time interviewing Tupamaros and writing travel essays. He currently teaches creative writing at Brigham Young University, in the United States. His writing has been published in *Mississippi Review, Crab Orchard Review, Water-Stone* and other journals.

Antonio Ochoa was born in Mexico City and after living for several years in Scotland, he now lives between Cambridge, MA and Mexico City. His poems have appeared in publications in Spain, Mexico, Brazil, and the US. His book of poems, *Pulsos*, was published in 2008 by Umbral of Mexico City. He is also translator and essayist.

John Oliver Simon is a fifth-generation Californian born in New York City in 1942. He has been exploring Latin America and translating its poetry for two decades. *Caminante*, written during a nine-month voyage south of the border in the mid-nineties, was published by Creative Arts Book Company in 2002. *Velocities of the Possible*, his translations of the great Chilean poet Gonzalo Rojas (Red Dragonfly Press) won him a 2001 National Endowment for the Arts Literature Fellowship.

Steven J. Stewart was named a 2005 Literature Fellow for Translation by the National Endowment for the Arts of the United States. His book of translations of the Spanish poet Rafael Pérez Estrada, *Devoured by the Moon*, was published by Hanging Loose Press in 2004. His translations have appeared in such publications as *Harper's* and *Poetry Daily*.

CPSIA information can be obtained at www.ICGtesting.com
Printed in the USA
BVOW08s0901090716

454866BV00001B/14/P